Il grande libro della mitologia greca per bambini

Tutto quello che c'è da sapere sui miti greci, gli dei ed eroi dell'Olimpo

Con immagini da colorare

Gaia Georgiadis

Prima edizione originale

Tutti i diritti sono riservati, in particolare lo sfruttamento e distribuzione di testi, tabelle e grafici.

Copyright © 2023 di Book Shelter GmbH

Avviso legale:

Book Shelter GmbH
Aufhäuserstraße 64
30457 Hannover
Germany

Contenidos

1. Introduzione 5
2. L'antica Grecia 6
   2.1 La Storia dell'antica Grecia 8
   2.2 La vita quotidiana nell'antica Grecia 18
   2.3 Le abitudini alimentari degli antichi Greci 22
   2.4 Come si divertivano gli antichi greci 24
   2.5 La moda e la bellezza per gli antichi greci 27
   2.6 Le città-stato, erano il cuore dell'antica Grecia 29
   2.7 La società nell'antica Grecia 31
3. Gli dèi più famosi dell'antica Grecia 35
   3.1 I dodici dèi dell'Olimpo 37
   3.2 Altre divinità importanti 52
4. Miti e leggende dell'antica Grecia 60
   4.1 La storia dell'origine del mondo 61
   4.2 La Titanomachia: la battaglia dei Titani 65
   4.3 L'origine dell'uomo e Prometeo 70
   4.4 Il vaso di Pandora 74
   4.5 La Gigantomachia: la guerra dei giganti 77
   4.6 Le imprese di Eracle 80
   4.7 La scelta di Paride 94
   4.8 La guerra di Troia 97
   4.9 L'avventura di Ulisse 104
   4.10 La mano d'oro del Re Mida 109

4.11 Dedalo e Icaro 111

4.12 Teseo e il Minotauro 113

4.13 Perseo e Medusa... 116

4.14 Europa e il Toro 118

4.15 Orfeo ed Euridice 120

5. La Grecia era in anticipo sui tempi 122

5.1 I filosofi dell'antica Grecia 123

5.2 Altre importanti scoperte scientifiche 125

5.3 I Giochi Olimpici 128

5.4 La democrazia 129

5.5 Arte e architettura 130

5.6 La guerra 132

6. Fatti straordinari sulla Grecia di oggi 133

7. Piccolo Dizionario 135

8. Cuestionario 140

9. Conclusioni 144

1. Introduzione

Forse, forse siete stati in vacanza in Grecia e avete visto tanti edifici vecchi e danneggiati in cui non ci vive più nessuno. Magari vi sarete chiesti: "Perché non li tolgono per costruire case nuove?"

Ecco, la risposta è semplice come un disegno fatto con i pastelli: questi edifici vecchi, o rovine, sono come tesori nascosti di una storia lontana che è incredibilmente importante per tutti noi. Dietro le colonne e i muri rovinati, si nascondono mille storie che vi faranno battere forte il cuore. E forse ne avete sentite già qualcuna.

Ma aspettate un attimo! Non si tratta solo di storie di fantasia, ci sono anche storie vere che raccontano di fatti realmente accaduti! Nel mondo degli antichi Greci, le storie inventate e quelle vere si mescolano come i colori nel quaderno da disegno creando un arcobaleno di avventure!

Quindi, se siete dei piccoli esploratori affamati di storie sulla Grecia e sull'appassionante mondo dei suoi miti, questo libro è come una mappa del tesoro che non potete assolutamente perdere. E se non siete ancora appassionati di questo mondo e di queste storie? Allora dovreste provare a leggere questo libro perché dopo, e ve lo prometto, avrete la testa piena di sogni e avventure!

2. L'antica Grecia

Spesso si sente dire che l'antica Grecia è la "culla della cultura moderna", è come una specie di casetta dove sono nate tante delle cose che conosciamo oggi. Ma che cos'è l'antica Grecia? Possiamo capirlo semplicemente osservando una mappa? No, non proprio.

L'antica Grecia non era solo un pezzetto di terra con tanti alberi e montagne, infatti, comprendeva anche molte isole, ovvero, perle sparse nel Mar Egeo e nel Mar Ionio. Era un luogo in cui si sono sviluppate molte idee e storie che hanno aiutato a creare le culture e le civiltà di oggi e che hanno coinvolto la religione, la mitologia, la letteratura, l'architettura, la politica e molto altro ancora!

L'antica Grecia era come un baule pieno di tesori: c'erano dèi e dee, storie avventurose, palazzi meravigliosi, e tutte le persone davano il loro contributo quando era il momento di prendere delle decisioni. Un po' come quando decidete con i vostri amici a quale gioco giocare!

E indovinate un po'? Gli antichi greci amavano anche fare sport! Non giocavano a calcio come noi, ma indovinate chi ha inventato le Olimpiadi e le gare di corsa, come ad esempio la maratona? Proprio loro, gli antichi Greci!

Elementi tipici della Grecia

2.1 La Storia dell'antica Grecia

Tanto tempo fa, l'antica Grecia era come un grande parco giochi con tanti gruppetti di amici che giocavano in diverse parti del parco. Ogni gruppetto aveva le sue regole e faceva le cose a modo suo, senza preoccuparsi troppo di cosa facessero gli altri. Ogni gruppo veniva chiamato città-stato.

Inizialmente, gli antichi Greci non facevano parte della stessa "squadra", ma un po' alla volta cominciarono ad unirsi e a creare cose meravigliose come fecero i Minoici che vissero nell'Età del Bronzo. Immaginate quanta roba potevano produrre con il bronzo: spade, gioielli e molto altro!

Tuttavia, c'è un piccolo problema: non sappiamo tutto sull'antica Grecia. Le nostre conoscenze sono come un grande puzzle con alcuni pezzi mancanti. Le testimonianze non sono tutte attendibili, chi scriveva racconti e storie in quel tempo, lo faceva un po' come quando raccontiamo una storia ai nostri amici, ovvero, aggiungendo un po' di fantasia e, dunque, modificando un po' la realtà dei fatti.

Quello che sappiamo è che l'antica Grecia, quella che spesso studiamo a scuola, era attiva tra il VI e il III secolo a.C. anche se le avventure degli antichi Greci sono iniziate un pochino prima, ovvero, quando i Minoici iniziarono a creare numerosi e incredibili oggetti con il bronzo.

L'età del bronzo: Creta e Micene

Immagina di viaggiare indietro nel tempo e di arrivare nel 2000 a.C. su un'isola bellissima chiamata Creta. Lì, viveva il popolo dei Minoici, conosciuti per le loro abilità nel coltivare la terra e nel costruire palazzi. Il popolo ha preso il nome dal re Minosse, ma ancora oggi, nessuno sa se questo personaggio sia realmente esistito.

Creta era un'isola fertile, ricca di campi di cereali, viti e ulivi crescevano ovunque. Questo ha fatto sì che i cretesi potessero scambiare cibo e altri prodotti con gli abitanti di altre città-stato e ciò favorì la ricchezza di molti. Erano così ricchi che iniziarono a costruire palazzi maestosi!

Uno di questi palazzi era Cnosso, la cui intricata costruzione assomigliava a un labirinto e probabilmente ha ispirato una delle saghe più famose degli antichi greci: la storia di Teseo e del Minotauro. Non vediamo l'ora di raccontarti questa storia più avanti!

Ora, spostiamoci un po' da Creta e arriviamo in un'altra famosissima città-stato: Micene. La città possedeva mura massicce e resistenti e un'impotente porta chiamata Porta dei Leoni. Inoltre, i re micenei erano sepolti in tombe sfarzose piene di ricchezze e tesori! Micene era una potenza commerciale e militare: l'esercito era fortissimo! Per questo motivo, i Micenei, in alcune occasioni, superarono i Minoici.

Tuttavia, un giorno Micene smise di essere così potente. Non sappiamo esattamente perché ma è come quando finisce un bel gioco e devi iniziare qualcosa di nuovo. Dopo la caduta di Micene, ci fu un periodo buio in cui la gente dimenticò molte delle cose straordinarie che i Micenei fecero.

L'età del ferro: Sparta, la città dei guerrieri

Dopo il declino di Micene, altre città-stato iniziarono a crescere e a diventare importanti. Una di queste era Sparta, famosa per i suoi eroi e guerrieri! Tutti in Grecia sapevano che gli spartani erano forti, coraggiosi e ben addestrati. Pertanto, gli Spartani erano temuti in tutta la Grecia.

Sparta fu fondata dai Dorici, un popolo che invase la Grecia sottomettendo gli Iloti, gli abitanti nativi. Questi ultimi non accettarono la sconfitta e continuarono a lottare per riconquistare le loro case. Ciò causò lunghe battaglie e molte vittime.

Per questo motivo, gli spartani pensarono: "Dobbiamo diventare i guerrieri più forti di tutti i tempi, solo così nessuno oserà sfidarci in battaglia!" Questo portò ad un addestramento militare durissimo. I ragazzi iniziarono ad allenarsi sin da giovanissimi. Era come una scuola per supereroi, ma molto, molto più difficile! Pensate, i giovani guerrieri una volta all'anno venivano frustati presso il santuario di Atena e non dovevano mostrare alcuna emozione!

Due spartani con le loro armi

E non erano solo i ragazzi, anche le ragazze dovevano allenarsi! Gli Spartani erano convinti che solo le donne forti potessero dare vita a uomini altrettanto forti.

Quando pensi agli Spartani, immagina dei guerrieri invincibili con dei mantelli rossi. Assomigliano molto a dei personaggi dei film d'azione!

Sai che cosa rendeva Sparta ancora più forte? Era come una fortezza naturale perché circondata dal mare e dalle montagne, quindi era difficile attaccarla. Era come se avesse un grande muro invisibile intorno a sé che aiutava a proteggerla dai nemici!

Unisci i punti

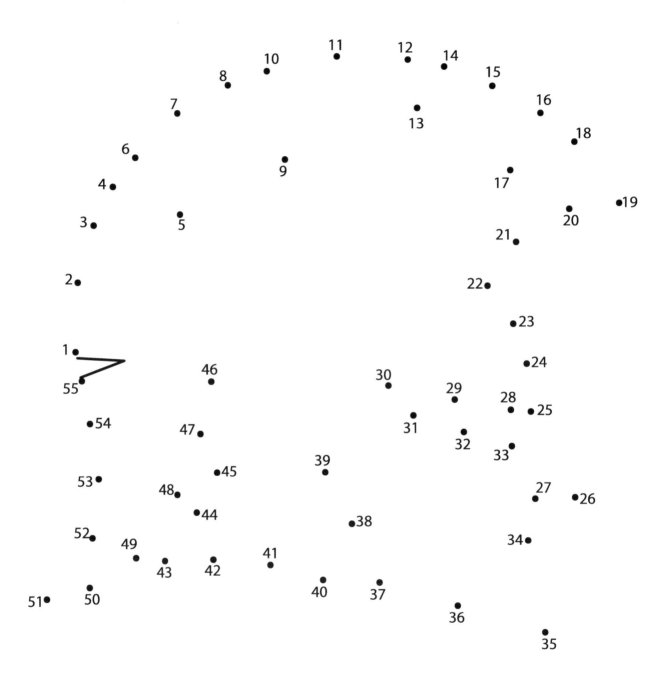

Storia o favola? L'incredibile storia dei 300 spartani

Molte storie che raccontano il passato mescolano verità e fantasia e la storia dei 300 Spartani è una di queste. Gli Spartani combatterono molte guerre, e, probabilmente, la più lunga e crudele fu quella contro l'Impero persiano, che cercò ripetutamente di conquistare la Grecia.

Nel 480 a.C., i Persiani marciarono per conquistare la Grecia. Immaginate un enorme esercito di Persiani che camminava verso la Grecia come una marea di formiche giganti!

Gli Spartani non si fecero intimidire e così, il re di Sparta, Leonida, portò con sé solo 300 guerrieri a Termopili, un passo stretto tra le montagne e il mare e quindi luogo strategicamente importante. Leonida ordinò ai guerrieri di fermarsi: "Fermatevi qui!"

Leonida sapeva che l'impero persiano contava migliaia di soldati, ma lui e i suoi 300 guerrieri erano pronti a combattere con tutto il loro coraggio. Ma indovinate un po'? Leonida non riuscì a contenere la forza persiana, c'erano davvero troppi persiani, ma aveva dato tempo agli altri greci per prepararsi ad altre battaglie.

Infatti, grazie a Leonida ai suoi valorosi guerrieri, il resto della Grecia si unì e alla fine sconfisse i Persiani! Gli Spartani diventarono famosi per il loro coraggio, e per ricordare l'impresa dei 300 guerrieri fu eretto un monumento su cui è scritto: "Se passi da Sparta, racconta che siamo caduti qui per difendere la nostra terra."

Quindi, la storia dei 300 è una storia di eroi coraggiosi che caddero in battaglia per proteggere la loro casa, e anche se sembra una favola, è successo davvero!

Un pezzo di cultura micenea nella letteratura dell'antica Grecia: l'Iliade e l'Odissea

Come abbiamo detto, molti anni fa esisteva la cultura chiamata micenea ed era come una grande scatola piena di tesori e avventure affascinanti. Con il passare del tempo, questa cultura scomparve, un po' come quando un castello di sabbia viene spazzato via dalle onde del mare.

Tuttavia, un poeta di nome Omero non voleva dimenticare le storie emozionanti di quel tempo e così decise di raccontarle scrivendo due libri: l'Iliade e l'Odissea. L'Iliade narra della caduta della città di Troia, e l'Odissea racconta le avventure dell'eroe Odisseo durante il suo viaggio di ritorno a casa dopo aver combattuto contro Troia.

Ora, alcuni studiosi si sono sempre chiesti: "Queste storie sono vere o sono solo frutto della fantasia dello scrittore?" Un appassionato di archeologia di nome Heinrich Schliemann amava scavare nel terreno in cerca di antichi tesori, e decise, così, di indagare.

Indovinate un po'? Riuscì a trovare un luogo che assomigliava molto alla città di Troia di cui parlava Omero! Trovò anche numerosi tesori come gioielli e oggetti d'oro. Heinrich era così emozionato e pensava di aver trovato la vera città di Troia.

Il cavallo di Troia e la nave di Ulisse

Tuttavia, non tutti erano sicuri e alcuni pensarono si trattasse di una coincidenza. Ma grazie a Heinrich e alle sue scoperte, molti studiosi e storici hanno iniziato a scavare e a cercare antiche città dando, così, vita alla tecnologia moderna!

Quindi, anche se non siamo del tutto sicuri della veridicità delle storie di Omero, esse ci hanno aiutato a esplorare e imparare di più sul nostro passato!

L'età dei grandi viaggi: la Grecia parte per conquistare il mondo

Immaginate la Grecia come una famiglia che si stava allargando sempre di più, aveva bisogno di più stanze in casa e di più cibo in frigorifero! Così, la Grecia ha pensato: "Abbiamo bisogno di più spazio!" Questo periodo è conosciuto come il periodo arcaico dell'antica Grecia.

Grazie alla forza di valorosi guerrieri, la Grecia fece le valigie e andò in giro a cercare nuovi luoghi in cui espandersi.

La Grecia non aveva un enorme regno che copriva quasi il mondo intero, come quello che i Romani avrebbero avuto in seguito, ma erano davvero bravi a scegliere dove andare. Cercavano luoghi con terreni fertili per coltivare le piante, e volevano anche controllare i porti, che sono come le stazioni dei treni per le barche, per poter commerciare facilmente.

Piano piano, i Greci costruirono i loro insediamenti intorno al mar Mediterraneo, e le loro barche navigavano da un posto all'altro come se fossero in un'emozionante caccia al tesoro.

E indovinate un po'? Mentre viaggiavano, incontrarono numerosi popoli con abitudini, tradizioni e costumi diversi. È un po' come quando incontri nuovi amici a scuola e impari giochi e storie da loro. Così, la Grecia iniziò a includere nelle loro opere d'arte temi che avevano visto in Egitto e in Siria.

Tra il 1000 e il 650 a.C., la Grecia era come un esploratore che viaggiava per il mar Mediterraneo, dall'Italia al Nord Africa, condividendo e imparando lungo tutto il tragitto. Che avventura emozionante deve essere stata!

L'età degli eroi: quando Atene ha fatto nascere la democrazia

Ora, immaginate Atene come un supereroe che sta per iniziare una nuova avventura! Ma, come ogni supereroe, anche Atene ebbe i suoi momenti difficili. Questo periodo è conosciuto come l'età classica dell'antica Grecia.

Nel 480 a.C., i Persiani arrivarono ad Atene e la ridussero in macerie. Ma sai cosa? Gli abitanti di Atene erano coraggiosi e determinati e pensarono: "Non possiamo lasciare che i Persiani vincano!" Così, chiesero aiuto alle altre città-stato della Grecia, prima di allora sempre in guerra tra di loro, e formarono una grande esercito lottando e sconfiggendo l'impero persiano.

Dopo questa grande vittoria, un grande statista e politico ateniese di nome Pericle disse: "È ora di ricostruire la nostra bellissima città!" E così fecero: costruirono templi magnifici, statue e molti altri edifici che meravigliavano tutti coloro che li vedevano. Tutto questo fu fatto per ringraziare la dea Atena che li aveva protetti durante la battaglia.

Ma il grande merito che ebbe la città di Atene non riguardava solo templi e statue. Atene divenne famosa perché inventò una nuova modalità di governare: la democrazia. Ogni cittadino aveva il diritto di esprimere la propria opinione su come fare le cose.

Il politico ateniese Solone scrisse molte regole in modo da aiutare i cittadini a vivere meglio insieme. E Pericle, che era un po' come il capitano della squadra, veniva eletto ogni anno perché tutti ammiravano l'ottimo lavoro che faceva per la città.

Grazie ad Atene, ora la democrazia è un modo di governare molto diffuso in tutto il mondo. Atene è stata una vera e propria città di eroi!

L'era delle grandi avventure: Alessandro Magno

C'era una volta un giovane principe di nome Alessandro che aveva sogni grandissimi e un'infinita voglia d'avventura! Viveva nella regione greca conosciuta come Macedonia.

Quando suo padre Re Filippo II fu assassinato, Alessandro diventò re e pensò: "È il momento giusto per una grande avventura!" Sognava di viaggiare in posti lontani e di diventare famoso in tutto il mondo.

Così, nel 334 a.C., indossò la sua armatura, salì sul suo fedele cavallo e guidò il suo esercito alla conquista di posti conosciuti e non. Uno di questi era la Persia, un regno enorme che si era già scontrato con la Grecia. Dopo molte battaglie, Alessandro riuscì a sconfiggere il re persiano Dario III a Gaugamela, ma non si fermò lì, era come un esploratore che non riusciva a dire dire "Basta." Il suo esercito marciò verso l'Egitto.

L'esercito di Alessandro Magno possedeva guerrieri valorosi ma anche degli elefanti! Tuttavia, Alessandro preferiva combattere a cavallo, era il suo modo preferito di viaggiare e di affrontare le battaglie.

Alessandro Magno continuò le sue spedizioni fino a raggiungere l'India. Ma dopo tante avventure, i suoi soldati iniziarono a sentirsi molto stanchi e volevano tornare a casa. Anche Alessandro era esausto e decise, così, di fare ritorno a casa.

Ma ecco la parte triste della storia: durante il viaggio di ritorno, Alessandro si ammalò e morì quando era ancora molto giovane. Fu imbalsamato e mummificato come un faraone egiziano.

Anche se Alessandro non è rimasto con noi per molto tempo, fece qualcosa di davvero straordinario: riuscì a diffondere la cultura greca nel mondo! Questa fase storica si chiama "ellenismo", che deriva da "elleni," ovvero, un altro nome per dire greci.

Grazie alle avventure di Alessandro Magno, la Grecia divenne famosa in tutto il mondo! È un po' come quando un libro o un film diventa famoso e tutti ne parlano. E Alessandro fu uno dei personaggi e uno dei più grandi leader della storia!

2.2 La vita quotidiana nell'antica Grecia

Gli antichi greci erano persone come noi: dovevano mangiare, bere, usare il bagno e ogni tanto si lavavano.

Gli antichi Greci abitavano in case fatte di fango

Quando pensiamo alle case, immaginiamo che siano fatte di mattoni, pietre o legno, giusto? Ma gli antichi greci costruivano le loro case con mattoni di fango essiccati al sole. Il clima del Mediterraneo era perfetto per la produzione di mattoni.

Le case in campagna erano semplici, ma in città si trovavano edifici più sfarzosi e a volte anche di pietra. Invece, le pietre preziose erano spesso usate per i templi degli dèi e per i

La vita quotidiana in una città greca

palazzi reali.

La vita in campagna dei contadini era dura

Molti greci erano contadini o agricoltori e lavorare nei campi non era una passeggiata! Lavoravano sodo e spesso senza avere attrezzi adeguati. Avevano gli aratri ma la maggior parte erano di legno; solo pochi contadini avevano aratri di ferro. I contadini coltivavano soprattutto cereali e viti per fare il vino, la bevanda preferita degli antichi greci. Dovevano lavorare tanto e con impegno per ottenere un raccolto sufficiente per vivere.

L'artigianato e il commercio erano fiorenti

L'artigianato era molto diffuso nell'antica Grecia e il vasellame prodotto veniva venduto in tutto il Mediterraneo rappresentando un bene prezioso per gli antichi greci. Oltre ai vasai, c'erano calzolai e tessitori. I fabbri erano speciali perché producevano armi e armature per i soldati. Poiché le tante città-stato greche combattevano tra di loro, c'era sempre bisogno di equipaggiamento militare.

Artigianato greco

Nell'antica Grecia, non c'erano molte strade, quindi il commercio era via mare. Le navi andavano di porto in porto lungo la costa, e a volte attraversavano il mare aperto per raggiungere le isole e le colonie più lontane. Anche i fiumi venivano usati per navigare. E per viaggiare sulla terraferma usavano spesso gli asini, animali resistenti e laboriosi che potevano attraversare terreni difficili.

Tanti ladri, ma niente polizia

Giocate ancora a guardie e ladri? In ogni caso, potete sempre rivolgervi alla polizia in caso di emergenza. Nell'antica Grecia, tuttavia, le cose erano un po' diverse. Infatti, i ladri non mancavano - ci sono sempre stati - ma la polizia non esisteva. Se fosse successo qualcosa di brutto, gli antichi greci avrebbero dovuto aiutarsi da soli o contare sull'aiuto di vicini, amici o passanti.

Solo ad Atene c'era un gruppo di persone che si occupava dei crimini peggiori. La vera polizia fu creata dai Romani, che conquistarono la Grecia. La parola polizia deriva dal latino, la lingua dei Romani. Politīa significa organizzazione politica, ed ecco perché la polizia è considerata come il braccio forte dello Stato che protegge i cittadini.

La guerra faceva parte della vita quotidiana

La maggior parte di voi conosce le guerre tramite i film o le lezioni di storia a scuola. Ma per gli antichi greci, la guerra faceva parte della vita di tutti i giorni. Fin da piccoli, i bambini greci venivano addestrati ad andare in guerra perché c'erano sempre molti nemici. Da un lato, le numerose città-stato greche erano nemiche e in conflitto tra loro. D'altra parte, c'erano nemici esterni, come ad esempio i Persiani, che tentarono ripetutamente di sottomettere la Grecia al loro dominio.

La guerra era costosa: armature e armi dovevano essere pagate da ogni soldato, e nessuno poteva rifiutarsi di farlo: era un obbligo. I soldati delle famiglie più povere non potevano pagare un equipaggiamento militare adeguato e, quindi, usavano archi e frecce o fionde.

I soldati delle famiglie più ricche potevano comprare le migliori armature. Questi combattevano a piedi ed erano chiamati opliti, dalla parola greca hoplon che significa scudo. Indossavano un'armatura di bronzo, che proteggeva gli organi più importanti (cuore, polmoni, ecc.), guanti, e un elmo decorato da un pennacchio. Avevano anche un grande scudo e una lunga lancia che potevano scagliare durante la battaglia.

Le battaglie potevano svolgersi anche in mare. La nave da guerra più veloce che avevano gli antichi greci si chiamava trireme. Questa nave era mossa dalla forza delle braccia di tanti uomini: circa 170 remavano seduti sui tre livelli della nave. Gli arcieri scoccavano frecce incendiarie verso le navi nemiche e a prua, la parte anteriore della nave, c'era una punta di metallo chiamata sperone e che veniva usato per ribaltare le navi nemiche.

Sulla terraferma, gli antichi greci utilizzavano macchine da lancio come catapulte e arieti per abbattere i muri delle città nemiche. A volte lanciavano anche proiettili incendiari sulle pareti della mura.

Le guerre furono molto importanti nelle storie degli antichi greci. Molti miti narrano di eroi leggendari come Eracle, Teseo e Achille, le cui imprese sono state immortalate in numerosi dipinti su vasi e ceramiche.

2.3 Le abitudini alimentari degli antichi Greci

Anche gli antichi greci dovevano mangiare, proprio come noi! Ma immagina, 2500 anni fa non esistevano i supermercati con gli scaffali pieni di cibo, all'epoca era un po' diverso da oggi.

I poveri mangiavano cibi semplici

Ciò che arrivava sulla tavola degli antichi greci, dipendeva dal livello di ricchezza o povertà della famiglia. Chi non guadagnava a sufficienza, mangiava poco o doveva accontentarsi di cibo scadente. Le famiglie più povere potevano permettersi cereali, pane e una specie di minestra chiamata porridge. In Grecia, crescevano fagioli, piselli, lenticchie e frutta. Tutti amavano le olive, quelle nere e verdi, e che ancora oggi sono famose nella cucina greca. Probabilmente le mangiavano come antipasto. I piatti erano spesso conditi con l'aglio. Queste famiglie potevano permettersi la carne solo ogni tanto. Le uova erano molto popolari, quindi molte famiglie avevano galline.

I ricchi organizzavano feste e lauti banchetti

I ricchi potevano contare sulla varietà e avevano tante cose buone da mangiare. Avevano carne, pesce, verdure e vino. Organizzavano spesso grandi feste, chiamate simposi, dove mangiavano e bevevano. Ma indovinate un po'? Solo gli uomini potevano partecipare a queste feste, alle donne era vietato. Solo alle donne che lavoravano durante i banchetti era permesso l'accesso. Gli invitati bevevano il vino da un bicchiere che non poteva essere appoggiato da

nessuna parte perché non aveva il fondo piatto. Questo bicchiere doveva essere costantemente riempito e passato di mano in mano. Quando la festa finiva, gli uomini andavano a letto e le donne pulivano con l'aiuto degli schiavi.

I greci mescolavano il vino con l'acqua. Bere vino puro era come dire "Ehi, guardate, sto bevendo troppo!" e ciò non era visto di buon occhio.

Molte città greche erano vicino al mare, quindi pesci e crostacei facevano parte del menù a disposizione dei greci. La carne veniva mangiata soprattutto durante feste e celebrazioni religiose. Ad esempio, quando un toro veniva sacrificato per gli dèi, la carne veniva divisa tra i presenti.

E pensato un po'... anche gli antichi Greci amavano i dolci! Lo zucchero non era ancora conosciuto, quindi si utilizzava il miele. Anche la frutta dolce era un dessert molto amato. I greci adoravano mele, fichi, pere e melograni.

Ricco greco al suo banchetto

2.4 Come si divertivano gli antichi greci

Anche nell'antica Grecia, la gente amava divertirsi durante il tempo libero, proprio come noi! Ad Atene, la città più importante, i ragazzi avevano molto tempo per giocare e divertirsi. Non esistevano televisioni o cinema, e quindi come passavano il tempo? Amavano fare sport e gareggiare. Ed è proprio grazie agli antichi greci che oggi esistono i Giochi Olimpici. A quel tempo, però, solo i greci potevano partecipare!

Gli antichi Greci amavano anche andare in piscina, ma le loro piscine erano al chiuso, dentro le case. Quindi, andavano in piscine coperte e facevano anche bagni caldi, un po' come le saune di oggi.

Un'altra cosa che amavano fare era pescare. Pescavano pesci, aragoste e tante altre creature del mare. Questo non era solo divertente perché potevano cucinare quello che pescavano. Mmm, che buono!

Lo sport era un modo per onorare gli dèi e prepararsi alle battaglie

Come già sapete, gli antichi Greci erano appassionati di sport, ma fare esercizio fisico non era solo per divertimento, era anche un modo per mostrare rispetto agli dèi. I Giochi Olimpici, che si facevano ogni quattro anni, avevano lo scopo di onorare Zeus, il padre degli dèi che viveva sul Monte Olimpo. Anche ad Atene si svolgevano giochi sportivi, ma per celebrare la dea Atena. Nell'antica Grecia, dunque, lo sport era legato alla religione.

Ma c'è di più! Fare sport aveva anche un altro obiettivo: prepararsi alle guerre. I guerrieri greci dovevano essere forti, veloci e resistenti. A Sparta, famosa per i suoi guerrieri, essere in forma era di importanza vitale! Bisognava essere sempre pronti a scendere sul campo di battaglia.

Gli antichi Greci praticavano molti sport: la corsa, il lancio del disco, la lotta, il pugilato, il salto in lungo, il pentathlon, ecc.
Esistevano anche gare a staffetta con una fiaccola che veniva passata da un corridore all'altro, come, ad esempio, avveniva nelle Panatenee: la competizione che si svolgeva in onore della dea Atena ad Atene. Anche le corse di cavalli erano famose, e i fantini si aggrappavano alle criniere per non cadere.

Gli atleti vittoriosi erano considerati eroi, tutti li ammiravano ed erano orgogliosi di loro. Ma attenzione, se un atleta barava o infrangeva le regole, veniva punito severamente!

Atleti greci in una staffetta

Il teatro greco: rappresentazioni per l'eternità

Gli antichi greci adoravano andare a teatro, proprio come molte persone fanno oggi. Ma i teatri di allora erano un po' diversi da quelli che vediamo ora. Immagina di guardare uno spettacolo sotto il cielo blu e il sole splendente: esatto, i teatri erano all'aperto! Questo non era un problema perché in Grecia c'è quasi sempre bel tempo.

I loro teatri all'aperto erano piuttosto grandi con posti a sedere che assomigliavano a gradoni. Pensate, alcuni di questi teatri sono sopravvissuti fino ad oggi. Sui palcoscenici venivano inscenate storie straordinarie, drammi e commedie, che ancora oggi e a distanza di secoli, vengono rappresentati e letti. I nomi dei grandi poeti e drammaturghi greci sono passati alla storia e sono ancora molto famosi.

Mito: solo gli uomini potevano recitare sul palco. Se dovevano interpretare un personaggio femminile, indossavano parrucche e abiti da donna. Per rappresentare le emozioni, gli attori mettevano maschere con le diverse espressioni del volto: triste, felice, ecc. A volte, gli attori indossavano anche scarpe con tacchi altissimi in modo che tutti, anche quelli seduti lontano, potessero vederli bene.

E indovinate un po'? Nell'antica Grecia, andare a teatro non era solo divertimento, ma anche un dovere. I cittadini erano incoraggiati ad andare a teatro e ad assistere agli spettacoli, e quando lo facevano, ricevevano anche qualcosa in cambio. Forse non tutti sanno che alcuni di questi teatri antichi sono utilizzati ancora oggi per mettere in scena spettacoli!

2.5 La moda e la bellezza per gli antichi greci

Per gli antichi greci avere un bell'aspetto era molto importante. Chi poteva permetterselo indossava abiti eleganti, solitamente fatti di lana di pecora perché la pastorizia era diffusa nell'antica Grecia e forniva la materia prima necessaria per confezionare i vestiti. Quando la temperatura era calda, si indossavano abiti di lino freschi. Solo i greci molto ricchi potevano permettersi di comprare abiti di seta, perché a differenza della lana e del lino, la seta doveva essere importata dall'Oriente.

Le ragazze portavano i capelli legati dietro e tutti indossavano cappelli per proteggersi dal sole. Le donne che volevano essere particolarmente eleganti cercavano di non abbronzarsi troppo perché avere la pelle chiara era indice di bellezza. E indovinate un po'? Anche i capelli biondi erano alla moda, così, sia ragazzi che ragazze cercavano vari modi per schiarire i capelli. All'epoca, i capelli biondi erano molto rari.

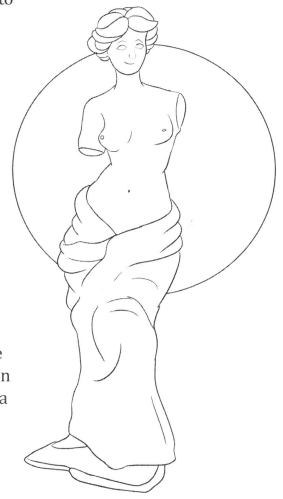

La tipica statura greca di una donna

Donne e uomini indossavano abiti molto simili

Non c'era molta differenza tra gli abiti maschili e femminili. Donne e uomini indossavano una specie di tunica chiamata "chitone", era un vestito lungo con una cintura. Gli uomini indossavano una versione più corta del chitone per poter lavorare meglio nei campi o in officina. Anche i bambini avevano abiti più corti in modo da poter correre e giocare facilmente. Non esistevano i pantaloni e se qualcuno li indossava, allora potevi essere sicuro che non era greco! Le donne greche avevano anche una specie di fascia che legavano intorno al petto e a volte raccoglievano i loro abiti con altre cinture decorative. La moda degli antichi greci è rimasta invariata per molti secoli.

Ora, ecco qualcosa di sorprendente: a volte, gli antichi Greci non indossavano niente, specialmente quando facevano sport! Immaginate di guardare una partita di calcio dove tutti i giocatori corrono dietro alla palla nudi! Solo chi assisteva alle gare era vestito. All'epoca le donne non erano ammesse allo stadio e gli atleti erano tutti uomini.

Gli antichi Greci davano molta importanza alla bellezza e il loro senso di bellezza è ancora oggi molto studiato. Gli scultori greci erano davvero abili e forse avrai notato nei libri o nei musei la perfezione delle statue.

La cura del proprio aspetto era importante

Gli antichi Greci amavano prendersi cura di loro stessi. Non era facile perché all'epoca gli specchi non esistevano, usavano dischi di bronzo lucidi per controllare il loro corpo riflesso. Avevano anche pettini, profumi e portagioie. La cura del corpo comprendeva anche bagni regolari, apprezzati sia dagli uomini che dalle donne.

2.6 Le città-stato, erano il cuore dell'antica Grecia

Oggi, quando pensiamo alla Grecia, pensiamo a un unico grande paese con una capitale che si chiama Atene. Ma un tempo, il territorio greco era diviso! Nell'antica Grecia, ogni grande città era anche uno stato; queste singole città-stato, dette anche *poleis*, erano in conflitto tra loro.

Molte città, molti tiranni: la strada verso la democrazia

Una polis non comprendeva solo la città, ma anche le campagne circostanti. Se vivevi lì, eri un cittadino, e potevi esprimere la tua opinione su quello che succedeva a livello politico e amministrativo. Non sorprende, quindi, che la democrazia, cioè il governo del popolo, si sia sviluppata proprio in Grecia è nata l'idea. Inizialmente, molte di queste città-stato erano governate da tiranni, ovvero, nobili ricchi e potenti che amministravano la città-stato come un re. Ma non tutti i tiranni erano uguali. Alcuni erano ingiusti e brutali, altri erano molto amati dai cittadini. Ciononostante, i tiranni furono rovesciati e la loro autocrazia fu sostituita dal governo del popolo. E così nacque la democrazia!

Ma esisteva un solo stato greco che non che non era organizzato come una polis e continuava ad essere governato da un re: la Macedonia, ovvero, la patria di Alessandro Magno, di cui avete già sentito parlare.

Le due città-stato più famose erano Atene e Sparta. Ogni polis poteva produrre le sue monete, segno di indipendenza. Questo era un po' come dire: "Ehi, guardate, siamo speciali!". All'inizio, facevano monete con vari metalli: elettro, argento e a volte anche oro puro.

Ogni città aveva anche un amico speciale tra gli dei!

La maggior parte delle città-stato aveva un dio speciale che considerava come un amico molto vicino. Nel caso di Delfi, ad esempio, il dio era Apollo e a cui era dedicato l'oracolo, una specie di tempio in cui venerare il dio. Atene, invece, venerava soprattutto la dea Atena.

Cittadini greci che discutono di politica

2.7 La società nell'antica Grecia

L'antica Grecia è famosa per essere stata la culla della democrazia; tuttavia, non tutti gli individui erano trattati allo stesso modo. Esistevano molte differenze tra le persone, come i contadini, gli artigiani, i guerrieri, i nobili, tra uomini e donne, tra persone libere e schiavi, tra bambini e adulti.

Le donne erano le custodi della famiglia

Nelle culture della prima età del bronzo, le donne godevano relativamente di molte libertà tra gli antichi greci. Ma le cose cambiarono quando Sparta e Atene divennero potenti. Da quel momento in poi, gli uomini presero tutte le decisioni. Le donne non potevano nemmeno uscire di casa senza un uomo che le accompagnasse. La politica, il commercio e la lotta erano solo per gli uomini. Le donne spesso si sposavano all'età di 13 o 14 anni e il loro compito principale era diventare mamme. Per la società greca, le donne dovevano partorire, soprattutto maschi, perché solo i figli maschi avevano diritto all'eredità e potevano portare avanti la famiglia. Alle donne era permesso filare la lana e tessere stoffe pregiate e in questo modo, contribuivano al sostentamento della famiglia.

I bambini non desiderati venivano abbandonati

Purtroppo, nella società dell'antica Grecia, la vita poteva essere molto dura per i neonati. I bambini non erano considerati persone a tutti gli effetti ed erano totalmente dipendenti dalla volontà del padre. Il padre, capo indiscusso della famiglia, poteva decidere di non voler crescere il neonato, che veniva

abbandonato. Questo accadeva molto spesso con le bambine. Una volta entrate in età di matrimonio, esse dovevano avere una dote. La dote è una somma di denaro che la famiglia della sposa doveva pagare alla famiglia dello sposo. Le ragazze erano quindi più costose dei ragazzi e avevano anche meno diritti. Di conseguenza, le famiglie più povere preferivano abbandonare le bambine.

Abbandonare un bambino significava che il bambino non sarebbe sopravvissuto. A volte, le famiglie lasciavano i neonati vicino a un tempio o in un luogo in cui la gente passava con la speranza che qualcuno li trovasse e si prendesse cura di loro. La maggior parte dei greci pensava che abbandonare un bambino non fosse una cosa giusta da fare e se ne vergognavano. Quindi, a volte, se una famiglia non voleva tenere un bambino, chiedeva a uno schiavo di portarlo via.

I bambini potevano giocare ma dovevano andare anche a scuola

Anche nella Grecia antica, i bambini amavano giocare e imparare, proprio come i bambini di oggi! Ma c'è una differenza: a quei tempi, a 12 o 13 anni si era già considerati adulti!

Prima di diventare adulti, i bambini potranno divertirsi giocando. Avevano giocattoli di legno e anche cavalli o piccole figure giocattolo di argilla; alcune di esse, si sono conservate fino ai giorni nostri.

Quando i bambini raggiungevano i sette anni, iniziavano la scuola. Un insegnante, chiamato grammatico, li aiutava ad imparare la matematica, a leggere e a scrivere. I ragazzi più grandi frequentavano i ginnasi, dove imparavano materie come la filosofia, la retorica e la politica. Per assicurarsi che i bambini e i ragazzi andassero a scuola, venivano accompagnati da uno schiavo chiamato *paidagogos*, pedagogo in italiano e che significa insegnante o educatore.

L'educazione fisica era molto importante per i greci. L'allenamento non serviva solo per mantenersi in forma, ma anche per prepararsi a diventare soldati forti e coraggiosi.

Le ragazze, invece, non andavano a scuola, ma se la loro famiglia era ricca, assumevano un maestro privato per insegnare alle figlie le nozioni di base di lettura, scrittura e calcolo.

Per gli antichi greci, solo un vero greco era un essere umano a tutti gli effetti e gli stranieri erano considerati "barbari" e non erano rispettati. Gli schiavi venivano tenuti per lavori pesanti e umili; inoltre, gli schiavi non avevano diritti ed erano considerati proprietà dei loro padroni. Fortunatamente, la schiavitù fu poi abolita!

Elementi tipici della Grecia

Cruciverba - Gli dei greci

1. Quali erano i nomi delle città dell'antica Grecia?
2. Quale luogo greco è noto per i suoi forti e coraggiosi combattenti?
3. Quale dio veniva onorato ai giochi olimpici?
4. Quale materiale usavano gli antichi greci per costruire le loro case?
5. Su quale isola greca vivevano i "Minoici"?
6. Come si chiamavano i combattenti corpo a corpo nell'antica Grecia?
7. Quale civiltà attaccò la Grecia nel 480 a.C.?
8. Chi scrisse le famose storie "L'Iliade" e "L'Odissea"?
9. Dove andavano i Greci per divertirsi?
10. Come si chiamavano i governanti di una città?

3. Gli dèi più famosi dell'antica Grecia

Gli antichi greci erano un popolo molto religioso e adoravano molti dèi... erano così tanti che non è possibile contarli tutti! Chissà se gli stessi dèi si conoscevano tutti tra di loro. In realtà, questo non è un problema perché la maggior parte degli dèi non era così importante o famosa a cui erano affidati compiti semplici. Tuttavia, c'era una famiglia di dèi straordinariamente importante e potente conosciuti e adorati da tutta la Grecia. Queste divinità erano i dodici dèi dell'Olimpo.

Gli dèi dell'antica Grecia assomigliavano alle persone e avevano caratteri diversi. Litigavano, si innamoravano, facevano feste, e talvolta dormivano molto! Alcune divinità, come Efesto, lavoravano molto. Dioniso, il dio del vino chiamato anche Bacco, preferiva rilassarsi e oziare. Gli dèi greci erano molto simili agli esseri umani e gli antichi greci immaginavano che fossero esattamente come loro, solo più grandi, più forti, più belli e più potenti.

L'Olimpo

3.1 I dodici dèi dell'Olimpo

I dodici dèi dell'Olimpo erano come la famiglia reale tra gli dèi. Vi state chiedendo perché si chiamano "dei dell'Olimpo"? Beh, è per il posto in cui abitavano. Il Monte Olimpo è la montagna più alta della Grecia: 2.917 metri di altezza. La sua cima raggiunge le nuvole e, quando i popoli di un tempo si fermavano ai suoi piedi la guardavano con stupore e sembrava chiaro che gli dèi dovessero vivere lassù, dove si trovano solo luce e aria.

Ma siccome il Monte Olimpo non era abbastanza grande per tutti gli dèi, solo i più importanti potevano viverci: la famiglia reale degli dèi! Questo gruppo di dèi veniva chiamato Olimpo, proprio come la montagna. Ma c'è anche chi sostiene che siano stati gli dèi a chiamarsi per primi Olimpi e poi dare il loro nome alla montagna. In ogni caso, l'Olympus, come lo chiamano i greci, è una delle montagne più famose del mondo e dimora degli dèi greci più importanti.

Gli antichi greci immaginavano che ci fossero dei cancelli intorno alla cima del Monte Olimpo e che solo gli dèi potevano aprirli. E c'era Zeus, il quale era molto severo con chiunque provasse ad avvicinarsi all'Olimpo senza essere invitato. Aspetta un attimo! Chi era questo Zeus? Te lo raccontiamo subito.

Zeus

Zeus era il re indiscusso degli dèi. Aveva dei fratelli che a volte erano un po' gelosi di lui e cercavano di prendere il suo posto, ma Zeus era molto potente ed estremamente forte, riusciva sempre a respingere gli attacchi al suo trono.

Zeus era il figlio minore del titano Crono, che governò il mondo prima di lui. I Titani, come Crono, erano giganti antichi che viaggiavano nello spazio tra stelle e pianeti. Crono era molto severo e non voleva cedere il suo trono, nemmeno ai suoi figli! Quindi, per assicurarsi il trono, Crono inghiottì tutti i figli che ebbe da sua moglie, Rea. Solo il più giovane, Zeus, si salvò grazie a un ingegnoso trucco. Vi racconteremo questa storia in un altro capitolo: sarà piuttosto emozionante, ve lo possiamo assicurare!

Una volta salvo, Zeus fece in modo che Crono sputasse i suoi fratelli e insieme a loro sconfisse i Titani imprigionandoli sotto terra, ovvero, nel buio e tetro Tartaro. E così, i Titani non infastidirono più gli dèi. Solo i Titani contrari a Crono e che aiutarono gli dèi rimasero liberi.

Zeus era il dio del cielo e il suo nome significava "colui che brilla." La sua arma più potente era il fulmine che scagliava contro chiunque provasse a sfidarlo. Per questo motivo viene spesso chiamato "Zeus, il lanciatore di fulmini." I fulmini gli erano stati donati dai Ciclopi, giganti con un solo occhio che Zeus aveva liberato dal Tartaro. Con questa potente arma, egli era praticamente invincibile. Gli antichi greci credevano che Zeus vivesse in un castello sulla cima del Monte Olimpo e tra le nuvole. Per questo motivo, egli era anche chiamato il "collezionista di nuvole."

Zeus era sposato ma non era fedele. Gli piaceva molto andare in giro e fare amicizia con tante donne. A volte, per avvicinarsi a loro, usava trucchi e stratagemmi per trasformarsi e cambiare aspetto. Da queste avventure, Zeus ebbe un sacco di figli e uno dei più famosi è l'eroe Eracle.

Unisci i punti

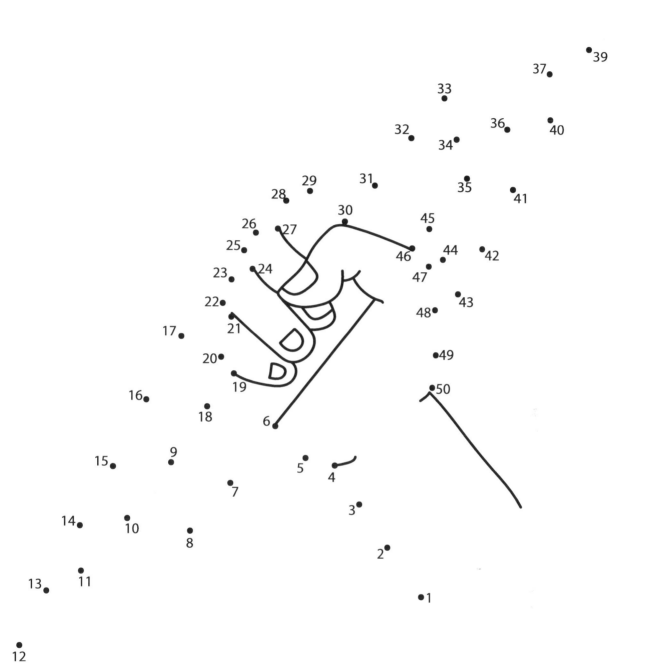

Zeus aveva anche un'aquila messagger che inviava in tutta la Grecia. Ecco spiegato il motivo per cui spesso vediamo Zeus raffigurato nelle statue o nei dipinti insieme ad un'aquila e un fulmine. E infatti, egli poteva anche trasformarsi in un'aquila o in un fulmine se avesse voluto!

Anche i Romani accettarono Zeus e lo consideravano il re degli dèi ma nella loro lingua era conosciuto come: Giove.

Era

Era era la sorella più grande di Zeus e indovinate un po'? Era anche sua moglie! Era aveva un grande desiderio di essere importante, ma non potendo essere la regina degli dèi, decise di sposarne il re. Il matrimonio tra Zeus ed Era fu straordinario e tutti gli dèi parteciparono. Gea, la Madre Terra, regalò a Era un albero che produceva mele d'oro.

Gli dèi avevano molto tempo libero, quindi Zeus ed Era decisero di fare una lunghissima luna di miele. Andarono sull'isola greca chiamata Samo e si narra che rimasero lì per 300 anni!

Ma forse la loro luna di miele fu un po' troppo lunga, perché quando tornarono, il loro matrimonio fu tutt'altro che felice. Zeus non era un marito fedele, amava fare nuove amicizie con ninfe e altre dee e questo faceva arrabbiare Era.

Era pensava che il matrimonio fosse speciale e che la famiglia fosse la cosa più preziosa di tutte. Non le piaceva quando le persone non erano gentili o non mantenevano le promesse fatte durante il matrimonio. Per questo motivo, Era perseguitava chiunque abbandonava la famiglia o tradiva il coniuge. Perseguitava anche i figli illegittimi di Zeus! Una delle sue vittime più famose fu l'eroe Eracle, il cui nome deriva proprio da quello della dea sua nemica.

Anche i Romani conoscevano Era, ma la chiamavano con un nome diverso: Giunone.

Poseidone

Poseidone era il fratello di Zeus ed era il dio dei mari e degli oceani. I Romani lo conoscevano come Nettuno.

Ora, immagina Poseidone con un gigantesco tridente in mano che i Ciclopi costruirono per lui. Quando Poseidone conficcava il suo tridente nella terra, poteva scatenare terremoti e maremoti!

Poseidone poteva vivere sulla terra o anche nell'aria, ma lui amava stare sott'acqua. Ma ogni tanto, lasciava le acque e saliva sul Monte Olimpo quando Zeus, suo fratello, organizzava degli incontri o delle riunioni con tutti gli dèi. Poiché anche lui visse sull'Olimpo, almeno all'inizio della sua vita, è considerato uno degli Olimpi.

Poseidone amava il mare, ma era anche pazzo per i cavalli! Li adorava così tanto che considerava sacro questo animale. Poseidone creò addirittura un cavallo alato che poteva volare: il famosissimo Pegaso!

Poseidone aveva una moglie di nome Anfitrite, ma come suo fratello Zeus, non era molto fedele ed era sempre in cerca di ninfe e dee. Ebbe molti figli illegittimi e alcuni dei quali divennero famosi. Fra questi, molto famoso è Teseo, che combattè contro un mostro chiamato Minotauro (una storia emozionante che racconteremo in seguito), e un altro eroe famoso è il ciclope di nome Polifemo, la cui avventura viene narrata nell'Odissea, che vi racconteremo in seguito.

Una cosa fondamentale da sapere su Poseidone è che non gli piaceva quando le persone erano irrispettose con lui. Se qualcuno lo faceva arrabbiare, si vendicava dando una bella lezione! È quanto successe all'eroe Odisseo che accecò il ciclope Polifemo, figlio del dio, o al re Minosse, che ingannò Poseidone con un sacrificio.

Estia

Estia era una dea davvero gentile e tranquilla. Era la sorella maggiore ed era abituata a prendersi cura dei suoi fratelli e delle sue sorelle, successivamente inghiottiti da Crono. Estia non si sposò mai e decise che avrebbe voluto stare da sola - giurò anche a Zeus che non si sarebbe mai sposata!

Estia non amava i litigi, le guerre e la politica. Le piaceva tenere tutto pulito e accogliente nella sua casa. Proteggeva le famiglie dall'oscurità facendole sentire al sicuro. Estia insegnò alle persone come costruire case e come cucinare cibo delizioso.

Apollo

Ora, parliamo di Apollo! Apollo era figlio di Zeus, ma sapevi che aveva una sorella gemella di nome Artemide? La loro mamma, la titanide Leto, ebbe un momento davvero difficile quando diede alla luce Apollo e Artemide. Era, la moglie di Zeus, fece di tutto per impedire a Leto di partorire e la inseguì in tutto il mondo. Ma alla fine, Leto trovò un posto sicuro, l'isola Delo. L'isola di Delo era così arida e brulla che a Era non venne in mente di cercarla lì. E così, in una grotta, Leto diede alla luce i suoi gemelli.

Zeus era contento della nascita di due bellissimi bambini. Apollo brillava come la luce del sole nella sua culla. Zeus gli regalò un berretto d'oro e un carro d'oro trainato da cigni. Apollo era molto abile con l'arco e le frecce con cui eliminò molti mostri, anche insieme alla sorella. Infatti, lui e Artemide inseguirono e sconfissero il temibile gigante Tizio nelle profondità degli inferi!

L'isola di Delo divenne famosa perché Apollo nacque lì e per questo venne soprannominata "la radiosa." Gli abitanti di Delo erano molto orgogliosi che sulla loro povera isola fosse nato un dio così affascinante e potente.

Apollo era bello e amava l'arte e la musica. Suonava la lira, uno strumento musicale donatogli da suo fratello Ermes. Aveva anche delle amiche speciali chiamate Muse, ovvero, le dee dell'arte. Esse ispiravano i musicisti e i pittori a trovare la giusta ispirazione.

Oltre alla lira, Apollo suonava anche il flauto ed era molto orgoglioso delle sue capacità: non amava le critiche! Quando il satiro Marsia, un abile suonatore di flauto, sfidò Apollo in una gara musicale. Apollo perse e il dio la fece pagare cara a Marsia: Apollo lo uccise e lo lasciò vicino ad un pino.

Un'altra sfida musicale vede Apollo contro il dio pastore Pan. A quest'ultimo fu permesso di vivere. Al re umano Mida, che aveva assistito alla gara e sosteneva Pan, andò meno bene: Apollo gli fece crescere un paio di orecchie d'asino sulla sua testa.

Inoltre, il dio era anche famoso per la sua capacità divinatoria: poteva predire il futuro e fare profezie. Ma poiché non aveva né il tempo né la voglia di rispondere personalmente alle domande di tutti, scelse una donna di nome Pizia che diede voce alle sue profezie.

L'Oracolo di Delfi

Come già sai, Apollo era bravo a fare profezie, e c'era un posto speciale, l'Oracolo di Delfi, in cui le persone

L'oracolo delfico durante una cerimonia

andavano per farsi predire il futuro. Apollo ottenne questo luogo dopo aver vinto una battaglia contro il drago Pitone.

Nel luogo in cui il drago fu sconfitto, Apollo fece costruire un tempio magnifico. Al suo interno, si trovava Pizia, il cui nome deriva da quello del drago e che aveva un compito molto importante. Nella terra, c'era una crepa da cui da cui salivano dei vapori, Pizia li respirava e poi rivelava le profezie del dio. Le parole di Pizia erano difficili da capire, pertanto, c'erano alcuni sacerdoti che traducevano le profezie in modo che le persone le capissero. L'Oracolo di Delfi era considerato dagli antichi greci "l'ombelico del mondo."

Non tutti potevano rivolgersi all'Oracolo, solo le persone ricche e che donavano molti soldi, ricevevano risposte lunghe e dettagliate. Le persone più povere ottenevano risposte brevi e semplici. Ora, immaginate di andare lì con i soldi che ricevete come paghetta - che tipo di risposta otterreste?

Oggi, quando qualcuno fa una predizione sul futuro, viene chiamato "oracolo." La parola "oracolare" si riferisce a chi fa la predizione.

Ah, un'altra cosa! Anche i Romani conoscevano Apollo e lo ammiravano molto. Lo chiamavano Apollo o a volte Elio.

Artemide

Artemide, come già sapete, era la sorella gemella di Apollo, e nacque sull'isola di Delo. Sai perché erano lì? Perché la loro mamma, Leto, stava cercando di nascondersi da Era, che era molto arrabbiata!

Come il fratello, Artemide era abile nell'usare l'arco e le frecce. Aveva un arco d'argento che secondo le credenze degli antichi greci, durante la notte si alzava in cielo e assomigliava alla luna. La leggenda narra che i Ciclopi costruirono questo arco straordinario nell'officina di Efesto. Per ringraziare del lavoro fatto, Artemide diede ai Ciclopi la sua prima preda catturata durante una battuta di caccia.

Artemide adorava andare a caccia nei boschi. Di notte, correva attraverso i boschi e i campi per inseguire gli animali, come ad esempio, cervi e cinghiali. Non amava cacciare piccoli animaletti, li rispettava molto. Il dio Pan donò alla dea tre cani da caccia. Essi erano così forti che potevano addomesticare anche i leoni più feroci! I cani correvano al fianco di Artemide quando questa cavalcava sul suo carro dorato e trainato da due cervi bianchi.

Artemide non ha mai voluto un uomo al suo fianco e si aspettava lo stesso dalle sue serve. Una volta, un ragazzo di nome Atteone vide Artemide mentre faceva il bagno in un fiume. La dea lo trasformò subito in un cervo affinché non potesse dire a nessuno di aver visto la dea nuda. Il cervo Atteone fuggì e lei lo inseguì con i tre cani che riuscirono a catturarlo e a ucciderlo.

Artemide aveva un amico che amava la caccia: Orione. Entrambi adoravano la caccia e Apollo, il fratello di Artemide, era un po' geloso di questa amicizia e gli tese una trappola. Un giorno, mentre Orione nuotava nel mare, Apollo sfidò Artemide in una gara con arco e frecce: la dea avrebbe dovuto centrare con una freccia un piccolo puntino nell'acqua. Quel puntino era Orione, ma Artemide non lo sapeva. Artemide era molto abile e accettò la sfida. La sua freccia colpì il bersaglio, ma si rese conto di aver colpito Orione! La dea era disperata e portò il corpo di Orione nel cielo, dove ancora oggi si può ammirare la sua costellazione.

Ah, un'altra cosa! I Romani chiamavano Artemide con un nome diverso: Diana.

Atena

Atena era la figlia preferita di Zeus, e tutti sapevano che era la dea più intelligente. Vuoi sapere un fatto particolare sulla sua nascita? La leggenda narra che Atena era nella testa di Zeus, come se fosse un pensiero o un'idea. Il pensiero divenne così potente da provocare al re degli dèi un violento mal di testa. Zeus non sapeva che cosa fare!

Disperato, Zeus chiese aiuto a suo figlio Efesto, il fabbro degli dèi. Egli usò una grossa ascia di ferro per aprire la testa di Zeus, e indovina un po'? Dalla testa, spuntò fuori proprio Atena, che indossava un'armatura proprio come una guerriera! E così, il padre degli dèi non soffrì più di mal di testa e generò con il pensiero una nuova dea.

Atena era anche la dea della guerra e amava escogitare nuove strategie in battaglia. A differenza di suo fratello Ares, il dio della guerra, che correva in battaglia brandendo la spada e uccidendo i nemici a tradimento, a Atena piaceva combattere con onore. In tempo di pace, lasciava le sue armi nelle mani di Zeus che gliele restituiva solo in caso di guerra.

Atena era anche la protettrice della città che prendeva il suo stesso nome: Atene! Anche suo zio Poseidone era interessato alla città e voleva esserne il protettore. Per decidere, entrambi gli dèi offrirono un dono ai cittadini della città. Poseidone regalò una fontana, ma l'acqua era salata e non si poteva poteva bere; Atena, invece, piantò un ulivo che diede alla gente frutti e legna. Il popolo decise che Atena sarebbe diventata la protettrice della città.

Aracne si trasforma in un ragno

Atena era anche abile nelle arti e nei mestieri praticati dalle donne: insegnava loro a tessere, a lavorare l'argilla, a cucinare e a filare. In molti pensano che sia stata Atena a regalare agli umani la capacità di pensare e di avere idee.

Come Aracne diventò un ragno

Atena aveva molte qualità ma era anche un po' permalosa e si offendeva facilmente. Come già sapete, Atena insegnava i mestieri al popolo e non accettava che qualcuno potessero essere più bravo di lei. La principessa Aracne era bravissima a tessere tesse una tela così meravigliosa che nemmeno l'occhio della dea Atena riuscì a trovarvi un difetto. Atena si arrabbiò, strappò il tessuto e trasformò Aracne in un ragno!

Ah, e anche i Romani amavano Atena, ma la chiamavano Minerva!

Demetra

Demetra era la dea della fertilità e faceva in modo che i campi di grano dei contadini greci producessero un ricco raccolto. Gli antichi greci la consideravano una dea molto importante e la adoravano perché senza il suo aiuto, i campi non avrebbero dato cibo e non ci sarebbe stato nulla da mangiare! E la fame è una "maestra" molto severa, da cui nessuno vuole prendere lezioni.

Demetra aveva un'assistente speciale: sua figlia Persefone. Madre e figlia erano molto unite, erano come migliori amiche e facevano tutto insieme. Il padre di Persefone era Zeus.

Un giorno, Ade, il re degli Inferi, vide Persefone e se ne innamorò subito. Ma invece di chiedere a Demetra se poteva sposare Persefone, andò a parlare direttamente con Zeus. I due si accordarono e elaborarono un piano. E così, Ade rapì Persefone portandola nel regno oscuro degli Inferi.

Demetra si arrabbiò quando seppe che Persefone era stata rapita e si mise a cercarla ovunque, ma trovare l'entrata degli Inferi fu impresa difficile perché era ben nascosta. Era un po' come cercare un ago in un pagliaio. Solo Ade poteva aprire dei nuovi ingressi creando delle crepe nel suolo. Demetra non si arrese e viaggiò per giorni. Non si lavò né fece pause e, soprattutto, non permise a nessuna pianta di crescere nei campi. Senza il suo aiuto, le piante smisero di crescere e i fiori non sbocciarono più. La terra era secca e desolata.

Zeus vide che la terra non era più fertile e non poteva permettere che questa situazione continuasse, ma non voleva nemmeno rompere la promessa fatta ad Ade. Ma ebbe un'idea! Il re degli dèi decise che Persefone avrebbe potuto passare metà dell'anno con sua madre e l'altra metà con Ade. Ecco perché i fiori sbocciano in primavera e in estate mentre appassiscono in autunno e in inverno.

Anche i Romani adoravano Demetra, ma la chiamavano Cerere.

Ares

Ares era il dio della guerra e per questo era violento. A differenza della sua sorella Atena, che amava pensare e pianificare strategie, Ares era impulsivo, sempre pronto ad attaccare il nemico senza un piano.

Ares amava la guerra e la violenza e per questo motivo era impopolare tra gli dèi e temutissimo dagli uomini.

Ma c'era una dea che pensava che Ares fosse interessante: Afrodite, la dea dell'amore. Lei era affascinata dall'energia e dalla forza del dio della guerra. Anche se era sposata con Efesto, Afrodite e Ares diventarono amanti. Ma un giorno, Efesto e gli altri dèi li scoprirono e risero di Ares, che si arrabbiò con tutti loro.

Durante la guerra, ad Ares non importava chi vinceva o chi perdeva, voleva solo che la battaglia continuasse il più a lungo possibile. Non amava parlare dei problemi o cercare di risolverli in modo pacifico e se qualcuno lo infastidiva, lui pensava che l'unica soluzione era la violenza o il combattimento.

C'era solo un dio che aveva stima di Ares: Ade. Infatti, Ares, con le sue azioni violente, fece sì che molti giovani coraggiosi trovassero la morte in guerra passando così nel regno oscuro del dio degli Inferi.

Per i Romani, il dio Ares era conosciuto con il nome di Marte.

Ermes

Ermes era senza dubbio il più furbo e ingegnoso tra tutti gli dèi. Era uno dei figli di Zeus, avuto dalla relazione con una donna umana. Fin da piccolo, Ermes era curioso e pieno di energie: non riusciva a stare fermo! Immagina, appena nato, invece di dormire nella culla come fanno i neonati, lui andava in giro ad esplorare il mondo. Sì, gli dèi potevano farlo, anche quando erano ancora piccoli! Gli dèi sono davvero esseri speciali!

Ermes non voleva diventare grande, era dio furbo che preferiva stare fuori dai guai. Però, ogni tanto, gli piaceva fare qualche scherzetto o prendere le cose degli altri. Si narra che un giorno egli rubò tutte le mucche che appartenevano al fratello Apollo, ma quest'ultimo lo scoprì e lo affrontò.

Ermes però ebbe un'idea! Mostrò ad Apollo la lira, uno strumento musicale dal suono melodioso. Apollo amava la musica e decise di perdonare Ermes, che restituì le mucche e gioì di non essere finito in guai seri. Ermes si annoiava facilmente e cercava sempre qualcosa di nuovo da fare.

All'inizio Zeus rideva delle marachelle di Ermes, ma poi pensò che era il momento di fargli capire che non poteva sempre fare ciò che voleva. Gli disse di farla finita con gli scherzi e le bugie. Ermes promise di non dire più bugie, ma anche che non avrebbe sempre raccontato tutta la verità. Zeus pensò che fosse un buon compromesso e fece di Ermes il messaggero di tutti gli dèi. Gli diede un bastone speciale chiamato caduceo, decorato con nastri bianchi che significavano pace e diplomazia. Ricevette anche un elmo magico per proteggerlo dai pericoli e sandali alati che gli permisero di correre come un fulmine!

I Romani chiamavano Ermes Mercurio.

Efesto

Efesto era figlio di Zeus ed Era, ma la sua nascita non avvenne sotto una buona stella. Era nato con una disabilità: una gamba storpia che non funzionava bene e altre malformazioni del corpo. Purtroppo Zeus ed Era non furono gentili con lui e lo cacciarono dall'Olimpo!

Efesto era un dio e non cadde in mare, quindi non si fece male. La ninfa Teti lo trovò e decise di prendersi cura di lui. Efesto crebbe in una grotta incantata sottomarina dove scoprì la sue abilità manuali e artigianali! Creò il suo primo laboratorio e diventò un fabbro ingegnoso.

Un giorno, Ermes, il più furbo di tutti gli dèi, andò a trovare Efesto nella sua grotta e gli mostrò come produrre il fuoco. Grazie al fuoco, Efesto iniziò a creare bellissimi gioielli per Teti e tutte le ninfe del mare. Quando gli altri dèi videro la bellezza di questi gioielli rimasero a bocca aperta e chiesero a Teti chi era tanto abile da produrli. E così, Teti raccontò loro la storia di Efesto.

Dopo aver ascoltato la storia, Zeus e Era si sentirono molto male per aver allontanato Efesto e decisero di far pace con lui. Gli costruirono una magnifica officina su un vulcano, dove Efesto poteva lavorare. Per aiutarlo, gli vennero affiancati anche i Ciclopi, giganti con un solo occhio. Questa fu una decisione giusta e azzeccata, perché fu nell'officina di Efesto che vennero create armature e armi che gli dèi e gli eroi greci usavano in battaglia.

Inoltre, per cercare di farsi perdonare, Zeus gli regalò delle stampelle d'oro e gli diede in moglie la dea Afrodite. Ma, ahimè, Afrodite non fu molto gentile con Efesto e non fu una moglie fedele.

Sai come i Romani chiamavano Efesto? Vulcano! E la parola "vulcano", che usiamo per parlare di montagne che eruttano lava, viene proprio dal nome del dio Vulcano. Lo sapevate?

Afrodite

Afrodite era la dea dell'amore e della bellezza, ed era la più bella di tutti gli dèi dell'Olimpo. Se ci fosse stata in una gara di bellezza, avrebbe sicuramente vinto. Tuttavia, una storia narra che Era, la moglie di Zeus, riuscì a batterla in una gara di bellezza – i dettagli ve li racconteremo in un altro capitolo. Siate pronti!

La nascita di Afrodite fu davvero straordinaria: un giorno la dea emerse da delle bollicine e dalla schiuma delle onde del mare. Per questo motivo, la dea è chiamata anche "colei che è nata dalla schiuma." Quando spuntò dal mare, non aveva vestiti addosso. Le altre dee corsero ad aiutarla e le diedero qualcosa da mettersi, ma si accorsero della sua bellezza e non tutte erano contente della sua presenza.

Bene, c'era una ragione per cui alcune dee non erano felici della presenza di Afrodite. La dea, infatti, causava molti problemi! Era sposata con Efesto, ma a volte faceva l'occhiolino e scherzava con altri dèi e anche con gli umani. Afrodite non era molto fedele e passava molto tempo con Ares, il dio della guerra.

Ma Efesto era più furbo della moglie e di Ares! Un giorno, fece finta di non essere a casa e preparò una trappola. Usò i suoi incredibili talenti per creare una rete molto resistente che poi fece cadere su Afrodite e Ares. Efesto chiamò tutti gli altri dèi per mostrare la coppia intrappolata nella rete. Tutti gli dèi risero di loro causando la rabbia di Ares.

Ma anche dopo questo episodio, Afrodite continuò a fare ciò che voleva e decise di voler conquistare un giovane ragazzo di nome Adone. Questo però scatenò l'ira e la gelosia di Ares, che trasformandosi in un cinghiale, attaccò e uccise il giovane Adone.

Avete mai sentito parlare del pianeta Venere? È il più luminoso e bello tra i pianeti e prende il nome da Afrodite! Infatti, il nome romano di Afrodite è Venere.

Come avrete notato, anche se Afrodite era bellissima, a volte creava molti problemi. Questo ci fa capire che l'aspetto esteriore non è così importante. Povero Efesto, aveva sposato la dea più bella, ma si ritrovava sempre con un sacco di guai!

3.2 Altre divinità importanti

Gli dèi dell'Olimpo erano importanti, ma non erano i soli! Esistevano altri dèi che meritano di essere conosciuti. Molti di loro li incontrerete nei miti e nelle leggende dell'antica Grecia. Alcuni di questi, come il re degli Inferi, Ade, erano altrettanto importanti e potenti quanto gli Olimpi.

Ade

Ade era un tipo particolare: adorava gli Inferi, luogo temuto dagli umani e dagli dèi. Gli piaceva passare il tempo dove c'era poca luce e per questo motivo era considerato il dio dei fantasmi e delle ombre. Era anche il dio delle ricchezze e dei tesori nascosti perché sapeva dove trovare le gemme e i minerali preziosi nelle profondità della terra. Era il custode dei segreti e lui stesso era il più oscuro e misterioso di tutti gli dèi.

I Ciclopi regalarono ad Ade un elmo speciale che lo rendeva invisibile con cui poteva andare dove voleva senza essere visto!

Ade aveva anche un cane con tre teste di nome Cerbero. Cerbero era il guardiano degli Inferi e impediva a chiunque di entrare o uscire. Era un cane fortissimo e solo un eroe molto coraggioso di nome Eracle riuscì a sconfiggerlo.

Ade era bravo anche a dare punizioni a chi si comportava male. Inoltre, nel suo regno, c'era un luogo chiamato Tartaro, ovvero, una specie di prigione da cui era impossibile fuggire.

Una delle punizioni più crudeli è quella inflitta a Sisifo. Egli doveva spingere una grossa pietra su una collina, ma ogni volta raggiunta la cima, la pietra rotolava giù e Sisifo doveva ricominciare da capo!

Un'altra punizione poco piacevole è quella di Tantalo. Era sempre affamato e assetato e vicino a lui venivano portati bevande e piatti deliziosi, ma Ade non gli permetteva di mangiare o bere.

Gli antichi Greci non sapevano dove fosse questo posto spaventoso. Pensavano che le porte del regno di Ade dovevano trovarsi da qualche parte nell'estremo ovest del mondo. Per arrivarci, le anime dovevano attraversare il fiume Stige. Il fiume poteva essere attraversato solo in barca, e l'unico traghetto che poteva attraversarlo apparteneva al traghettatore Caronte. Caronte voleva essere pagato e chiedeva alle anime una moneta: l'obolo. Questa moneta veniva messa nella bocca del morto e in questo modo, l'anima poteva pagare il passaggio nel regno dei morti e riposare in pace.

Ricordate di chi si innamorò Ade? Di Persefone, che Zeus diede in moglie a Ade scatenando la rabbia di Demetra. Ade rapì Persefono e la portò negli Inferi. Demetra cercò disperatamente la figlia, ma non riuscì a trovarla. E così chiese aiuto a Zeus. Il dio degli dèi decise che Persefone avrebbe potuto passare metà dell'anno con sua madre e l'altra metà con Ade.

Il dio degli Inferi per i Romani era Plutone. Sapevate che per molto tempo nel nostro sistema solare c'è stato un pianeta chiamato Plutone? Poi, però, gli scienziati hanno scoperto che Plutone è in realtà troppo piccolo per essere considerato un pianeta. Da allora, Plutone non è più un pianeta ed è scomparso dalle mappe planetarie, è tornato nell'ombra, per così dire. Non è forse appropriato per un pianeta che ha preso il nome dal dio degli Inferi?

Mito moderno: la storia di Sisifo è sopravvissuta fino ai giorni nostri con il termine "opera di Sisifo." Il lavoro di Sisifo è quello che noi chiamiamo uno sforzo inutile. Anche Tantalo, che deve sempre soffrire la fame e la sete, ha trovato il suo modo di dire: il "tormento di Tantalo." Con questo termine si intende un dolore particolarmente intenso o una sofferenza profonda.

Gli dei Zeus, Poseidone, Era, Afrodite e Ade

Dionisio

Dionisio non amava vivere con gli altri dèi sul Monte Olimpo perché lì si annoiava. Era un tipo sempre felice e allegro, era il dio del vino e delle feste. Adorava divertirsi così tanto che era sempre circondato da un gruppo di amici pronti a fare festa. Organizzava banchetti e feste quando voleva e senza mai fermarsi. Se qualcuno era alla ricerca di Dioniso, doveva solo seguire il rumore e il trambusto della festa.

Si narra che sia stato proprio Dionisio a donare la pianta della vite agli umani e a insegnare loro come coltivarla. In questo modo, si assicurò di avere sempre abbastanza vino ovunque andasse perché adorava viaggiare per tutta la Grecia. Non gli piaceva stare nello stesso posto per molto tempo, era sempre alla ricerca di nuove mete.

Dioniso era davvero un tipo particolare. Pensate, una volta, Zeus gli regalò una tigre selvaggia e lui la trattò come se fosse un cavallo. Con la tigre, attraversò il fiume Tigri, fondò alcune città sulla riva opposta, piantò viti e organizzò numerose feste. Alla fine, però, si stufò anche di queste città e tornò in Grecia.

In poche parole, Dioniso era un tipo che cambiava idea molto spesso e di cui non ci si poteva mai fidare fino in fondo. Faceva sempre quello che voleva e amava bere vino. I Romani chiamavano Dionisio, Bacco.

Eros

Eros era il figlio di Afrodite, la dea dell'amore, e come sua madre, era affascinato dall'amore. Possedeva un arco magico e con le sue frecce poteva far innamorare chiunque! Ma attenzione, Eros era un po' birichino e amava fare scherzi alle persone e anche agli altri dèi. La vittima preferita era proprio sua madre, Afrodite. Scoccava le frecce su di lei facendola innamorare di tanti uomini diversi. Nell'arte, Eros è spesso raffigurato come un cherubino paffuto, quindi come una specie di angioletto alato.

I Romani chiamavano Eros, Cupido.

Persefone

Persefone era bellissima, proprio come un campo di fiori in primavera e come sapete, Ade, il dio degli Inferi, si innamorò di lei. Ade possedeva molti tesori nascosti nel suo regno, ma a Persefone non importava e amava la luce del sole e i bei colori. Per questo motivo, quando fu portata negli Inferi per lei fu una vera e propria tragedia. Tuttavia, Ade cercò di farla sentire a casa, e le offrì dei melograni freschi e gustosi. Persefone li mangiò, ma questo fu un grosso errore! Quando si mangiava qualcosa che apparteneva agli Inferi, si diventava parte di quel regno senza possibilità di ritorno sulla terra.

La madre di Persefone, Demetra, non accettò il rapimento della figlia e la cercò ovunque. Gli dèi e gli umani erano preoccupati perché senza la dea della fertilità ci sarebbe stato solo l'inverno. Zeus, che era molto saggio, trovò una soluzione: Persefone avrebbe trascorso metà dell'anno con sua madre, e l'altra metà con Ade. Persefone si abituò alla sua nuova vita e divenne una bravissima dea degli Inferi. Nel libro di avventure conosciuto con il nome di Odissea, scopriamo che era proprio Persefone a decidere quali spiriti potevano avvicinarsi al trono di Ade. Infine, sulla terra si facevano grandi feste e celebrazioni ogni volta che Persefone tornava sulla terra, questo significava che la primavera stava per arrivare e nuova vita sarebbe sbocciata.

I Romani conoscevano Persefone con il nome di Proserpina.

Pan

Pan era un personaggio davvero particolare! Aveva i piedi e le corna di una capra e viveva in un posto chiamato Arcadia, la terra dei pastori, in cui era venerato come un dio. C'è chi sostiene che non sia

Il dio Pan

sempre stato un dio. Quando era piccolo, i suoi genitori non lo volevano a causa del suo aspetto, ma Ermes, il messaggero degli dèi, lo prese con sé e lo portò sul Monte Olimpo dove venne accettato dagli dèi. Tuttavia, Pan non trascorse molto tempo sull'Olimpo, ben presto preferì tornare nella sua amata Arcadia.

Pan adorava la musica e un tipo di flauto prende proprio il suo nome. Questo flauto aveva un nome particolare nell'antica Grecia: "siringa." In realtà, Siringa era il nome di una bellissima ninfa di cui Pan si era innamorato. Siringa era al servizio della dea Artemide e per questo fuggì da Pan e chiese alle altre ninfe di trasformarla in una canna. Sperava di essere sfuggita al dio in questo modo, ma Pan trovò la canna e cominciò a spezzarla e a incollarne i pezzi con la cera. In questo modo creò un nuovo strumento. Egli era così convinto delle sue capacità musicali che sfidò persino il dio delle arti, Apollo, dal quale, però, fu sconfitto.

Mito moderno: il flauto che Pan ha creato si chiama oggi "flauto di Pan!"

Ma Pan non era solo bravo nella musica, aveva anche un altro potere: poteva spaventare chiunque e mettere in fuga interi eserciti decidendo così le sorti delle battaglie.

Mito moderno: Oggi usiamo la parola "panico" quando parliamo di paura e di ansia. Pensate un po' questa parola deriva proprio dal dio Pan!

Un altro fatto interessante è che Pan sembra essere stato l'unico dio a morire. Uno storico greco di nome Plutarco raccontò che un marinaio egiziano di nome Thamus sentì una voce misteriosa durante uno dei viaggi in mare. Quella voce misteriosa gli disse di annunciare al mondo intero che il grande dio Pan era morto.

Ebe

Ebe era la figlia di Zeus e di Era, era molto amata dai suoi genitori e si narra che fosse la figlia preferita dei re degli dèi. Ebe era felice e spensierata, ed era conosciuta come la dea della giovinezza. Quando gli dèi si riunivano, Ebe riempiva le loro coppe con una bevanda speciale: l'ambrosia. Essendo la dea della gioventù, aveva il potere di far ringiovanire le persone.

Ebe fu data in moglie a Eracle, ma solamente dopo che l'eroe finì di compiere le dodici grandi imprese. Vi racconteremo la storia di Eracle più avanti!

Ecate

Ecate era una dea antica e diretta discendente dei Titani. Era una dea misteriosa e quando qualcuno la incontrava, non sapeva se avrebbe portato qualcosa di buono o di cattivo. Era meglio stare attenti perché Ecate aveva l'abitudine di aiutare solo chi le piaceva in quel momento.

Ecate era conosciuta come la dea della magia nera e delle arti segrete. Streghe e stregoni la adoravano. La dea causava incubi alle persone, possedeva un gruppo di cani fantasma i cui ululati erano temuti da tutti. A Ecate era permesso l'accesso sia al regno dei vivi che a quello dei morti e molti dei mostri delle storie dell'antica Grecia erano suoi figli!

Anche gli dèi si sentivano nervosi in presenza di Ecate. Solo Persefone amava passare del tempo con lei nel regno degli Inferi. Vi ricordate di Cerbero? Il cane a tre teste custode degli Inferi. Beme, Cerbero era molto feroce, ma quando Ecate lo chiamava, diventava tranquillo e obbediente.

Zuppa di alfabeto:
La vita quotidiana nell'Antica Grecia

N	S	Y	P	N	B	Z	E	G	I	J	X	B	J
X	G	K	Y	A	F	R	O	D	I	T	E	P	Z
W	E	L	J	T	J	J	E	Q	Q	U	S	D	Z
P	D	X	R	W	X	T	G	N	V	M	P	E	H
O	Y	Y	S	W	X	C	O	V	P	Q	Q	M	U
S	F	E	S	T	I	A	R	O	J	U	N	E	U
E	W	U	N	U	W	W	X	Z	E	U	S	T	Y
I	Z	R	K	H	I	M	S	E	E	T	Q	R	L
D	E	I	Y	Z	V	H	F	A	T	E	N	A	T
O	A	H	E	R	M	E	S	T	K	X	E	V	J
N	R	I	A	P	O	L	L	O	Y	E	H	Z	S
E	E	E	K	E	I	A	R	T	E	M	I	D	E
U	S	Y	D	R	Z	F	E	F	E	S	T	O	B
B	W	F	C	A	Z	K	T	V	W	M	O	W	H

Parole chiave:

Afrodite
Apollo
Ares
Artemide
Atena
Demetra
Efesto
Era
Hermes
Estia
Poseidone
Zeus

4. Miti e leggende dell'antica Grecia

I miti e le leggende non sono solo storie da raccontare ai bambini o agli adulti; sono come un tesoro che ci mostrano gli uomini e le loro emozioni. Gioia, paura, speranza, orgoglio, tristezza o incertezza: tutte le emozioni che gli antichi greci sentivano, le includevano nelle loro storie straordinarie piene di dèi e di eroi. Anche per dare risposte alle domande più difficili, si usavano miti e leggende. Una di queste domande era: 'Com'è iniziato il mondo?'

Le nove muse raccontano a un uomo il passato degli dei

4.1 La storia dell'origine
del mondo

Noi non eravamo lì quando è nato l'universo. È molto, molto più vecchio di noi e siamo davvero curiosi di sapere cosa è successo all'inizio di tutto. Non abbiamo una macchina che ci può portare indietro nel tempo, pertanto, dobbiamo usiamo la nostra immaginazione per provare a rispondere alla domanda sull'origine del mondo.

Gli antichi greci non conoscevano le astronavi, i satelliti o i telescopi, usavano gli occhi, le orecchie, il naso, le mani e la bocca per capire il mondo. Con quello che potevano vedere e sentire, hanno sviluppato una storia su come tutto è cominciato.

All'inizio c'era il caos

Esiodo era uno dei poeti greci più famosi e scrisse i suoi racconti più di 2500 anni fa. Voleva che le persone imparassero cose nuove dalle sue poesie. Una di queste si chiama *Teogonia*, ovvero, "la nascita degli dèi." Gli antichi greci pensavano che il mondo non potesse esistere senza gli dèi e che anche l'origine del mondo era strettamente legata a loro.

All'inizio c'era il caos e gli dèi hanno dato ordine alle cose. C'erano solo spazi vuoti dove i quattro elementi - il fuoco, l'acqua, la terra e l'aria - si scontravano causando confusione e rumore. Gli antichi greci pensavano che per mettere ordine in questo caos, ci volessero tantissimi sforzi.

È come quando la tua stanza è tutta in disordine e tua mamma o tuo papà ti dicono di mettere in ordine e una volta che hai sistemato tutto, puoi fare i compiti, giocare, o creare ancora un po' di disordine! Gli dèi hanno fatto qualcosa di simile.

I primi dèi che sono nati dal caos erano detti dèi primordiali. Nessuno sapeva come fossero stati creati perché il caos era pieno di fuoco e fumo e tutto ciò che avveniva non era visibile. Anche Esiodo, che era molto intelligente, non sapeva come fossero nati, ma conosceva i loro nomi: Gaia (la madre Terra), Eros (l'amore), Erebos (l'oscurità) e Nyx (la notte).

Il regno del terrore di Urano

Gea, la madre Terra, ebbe molti figli con caratteristiche diverse: alcuni brutti, alcuni belli, alcuni alti, alcuni bassi, alcuni paffuti e altri magri. Ma la creatura più temibile era il suo primogenito Urano, il dio del cielo. Egli era spietato e non era gentile nemmeno con sua madre Gea, che poi costrinse a diventare sua moglie. I loro figli erano giganti e potenti, e perciò furono chiamati Titani.

La famosa scultura di Urano a Barcellona, in Spagna

I Titani erano enormi e gli oceani sembravano delle vasche da bagno per loro e le fitte e immense foreste sembravano dei tappetini su cui camminare. Potevano volare nello spazio e visitare pianeti e stelle; la meravigliosa Via Lattea era come una piccola stradina su cui fare una passeggiata. I Titani erano incredibilmente potenti, ma avevano paura del terribile Urano.

Urano era violento e spietato con tutti e contro ai suoi figli scagliava la sua rabbia. Sarebbe davvero brutto avere un padre come Urano! Nessuno vorrebbe un papà così, nemmeno i Titani lo volevano!

Non c'è da stupirsi che i Titani decisero di fermare la follia del padre. Crono era il Titano più giovane ma anche il più coraggioso e guidò i suoi fratelli in una battaglia contro Urano. Alla fine, i Titani ebbero la meglio! Crono portò Urano nell'oscuro Tartaro in modo che non facesse più del male a nessuno.

Nel Tartaro, c'erano anche altre creature, come ad esempio, i Ciclopi, i giganti con un solo occhio e abili costruttori di armi. C'erano creature ancora più temibili, gli Ecatonchiri (sì, è una parola un po' difficile). Essi avevano numerose braccia e gambe ed erano in grado di rovesciare il mondo intero! Anche se queste creature erano davvero spaventose, c'era ancora qualcuno che le amava: Gea, la madre Terra che amava tutti i suoi figli. Era molto addolorata dal fatto che Urano imprigionò i Ciclopi e gli Ecatonchiri nel Tartaro ed era, dunque, convinta che egli meritasse di fare la stessa fine.

Così, con l'aiuto di queste creature spaventose, Crono riuscì ad imprigionare Urano, e dopo l'approvazione dei suoi fratelli e sorelle, prese il comando. Per i Titani, il nostro pianeta, la Terra, non era così importante perché avevano accesso a tutto l'universo! Crono decise di costruire un mondo migliore di quello del padre: voleva la pace, voleva che tutto andasse secondo le regole, non voleva rabbia e problemi.

Il tempo dei Titani

E così iniziarono sia il tempo dei Titani che la storia del mondo. Prima del governo di Crono, non esistevano né il tempo né l'ordine. Gli anni, i mesi, le settimane, i giorni, le ore, i minuti e i secondi passavano uno dopo l'altro seguendo un preciso ordine. Così facendo, Crono evitò che il caos tornasse a regnare nell'universo. E così cominciò la storia del mondo che conosciamo oggi.

L'origine del mondo era una questione molto importante per gli antichi greci e non si accontentarono di una sola storia. Per questo motivo, ne inventarono altre, come quella in cui il mondo nacque da un uovo. Sì, avete capito bene, da un uovo di gallina! Ma siccome nessuno di noi è un pollo, vi abbiamo raccontato la storia scritta da Esiodo.

4.2 La Titanomachia:
la battaglia dei Titani

Titanomachia sembra una di quelle parole buffe e complicate che non sentiamo molto spesso, vero? Ad essere sinceri, non è una parola di cui abbiamo bisogno nella vita di tutti i giorni perché oggi i Titani non esistono più. Come già sapete, i Titani erano i più antichi e i più giganteschi degli dèi. Avevano preso il potere lottando contro Urano, ma quella non fu la loro battaglia più grande. Ne fecero un'altra conosciuta come Titanomachia, che significa "la battaglia dei Giganti."

Crono mangia i suoi figli

All'inizio, non sembrava che ci sarebbe stata una battaglia. Infatti, da quando Urano era stato fatto prigioniero nel Tartaro, sembrava che il mondo avesse trovato pace e tranquillità. All'inizio, i Titani erano felici del nuovo ordine che Crono aveva creato, era un periodo in cui c'era abbondanza, armonia e nessuno soffriva. Purtroppo, però, quel periodo non durò per sempre!

Crono voleva mantenere il mondo nell'ordine e nella disciplina, e così, diventò sempre più severo e se qualcuno non era d'accordo con lui o faceva qualcosa che non gli piaceva, veniva punito immediatamente. I Titani più anziani non si lamentavano e seguivano le regole di Crono, ma quelli più giovani non erano sempre d'accordo con le regole che dovevano rispettare e si lamentavano in segreto. Nessuno aveva il coraggio di esprimere la propria opinione ad alta voce perché Crono minacciava di rinchiudere nel Tartaro chiunque si fosse ribellato.

Durante il suo governo, Crono dormiva male, sognava suo padre e il regno del caos. Quando si svegliava, diventava ancora più severo per assicurarsi che tutto rimanesse in ordine. Non ci furono più né risate né canti, il mondo intero tratteneva il respiro a causa del rigido ordine di Crono. Una notte, durante un altro incubo, Urano apparve di nuovo a Crono e si fece beffe del figlio a causa della sua severità. Profetizzò anche che i figli si sarebbero ribellati e che lo avrebbero rovesciato dal trono esattamente come Crono fece con lui.

Crono si svegliò e disse alla moglie Rea che non voleva avere figli. Lei si preoccupò perché sapeva che stava già aspettando una bambina. Che cosa avrebbe potuto fare?

Rea non aveva altra scelta e diede alla luce la sua bimba. Era molto nervosa mentre metteva la sua primogenita nelle braccia di Crono. Egli vide che la moglie era spaventata e le promise che sarebbe stato un buon padre e che avrebbe sempre portato nel cuore la figlia. Dopo averle dato un nome, Estia, Crono aprì la sua bocca e la inghiottì in un sol boccone. Rea e gli altri Titani rimasero sciocccati e non potevano credere a quello che Crono aveva appena fatto!

Crono si guardò intorno soddisfatto e non capiva perché tutti fossero così sciocccati e arrabbiati. Egli pensava di aver mantenuto la sua promessa: la piccola era nel suo cuore, giusto? Le aveva dato pure un nome, che cosa volevano di più da lui?

Rea riuscì a salvare Zeus

Rea ebbe altri figli. Dopo Estia, arrivarono Era, Demetra, Ade e Poseidone. Ma non fecero in tempo a vedere la luce che Crono, dopo aver dato un nome ai suoi bambini, li mangiò, proprio come aveva fatto con Estia. Crono era convinto che se i suoi figli fossero rimasti dentro di lui, non avrebbero potuto ribellarsi.

Quando Rea rimase incinta del sesto bambino, era molto triste perché non voleva che anche questo finisse nella pancia di Crono. Ma ben presto, ebbe un'idea: prese una pietra, la avvolse in un panno come se fosse un neonato e la diede a Crono. Pensando che fosse il bambino appena nato, Crono lo chiamò Zeus e, poi, se lo mise in bocca. Dopo poco, il titano cominciò a chiedersi perché quel "bambino" fosse così pesante da fargli venire mal di stomaco. Non scoprì mai lo stratagemma della moglie, come molti grandi capi arroganti, Crono non avrebbe mai immaginato che qualcuno potesse provare ad ingannarlo!

Rea osò farlo per amore di Zeus, che, poi, portò sulla terra dove si nascosero in una grotta sull'isola di Creta. Non potendo rimanere a lungo, ciò avrebbe destato i sospetti del marito, lasciò Zeus alle ninfe, spiriti gentili della natura. Zeus veniva nutrito dal latte di una capretta di nome capra Amaltea, che lo aiutò a crescere sano e forte.

La battaglia tra i Titani, gli dèi e i giganti

Zeus crebbe rapidamente e divenne molto forte. Quando venne a sapere che cosa aveva fatto il padre, si arrabbiò e decise di aiutare i suoi fratelli e le sue sorelle. Le ninfe diedero a Zeus un'erba velenosa che causava vomito a chiunque la mangiasse. Con un trucco, Zeus fece in modo che Crono mangiasse quell'erba e, indovinate un po'? Crono vomitò e tutti i suoi figli vennero liberati!

Ora che erano liberi, gli dèi si riunirono attorno a Zeus. Tuttavia, non tutti i Titani erano contenti di ciò che era successo e iniziarono, così, una terribile battaglia contro gli dèi. Gli dèi avrebbero sicuramente perso, ma i Titani più giovani, in disaccordo con Crono, fra questi il famoso Prometeo, accorsero in loro aiuto. Inoltre, su consiglio della madre Rea, Zeus liberò dal Tartaro, gli Ecatonchiri, i terribili giganti centimani che si unirono alla battaglia.

Anche i Ciclopi vennero liberati e per ringraziare Zeus, gli regalarono i fulmini. Crono e i Titani anziani non sapevano cosa fare di fronte a tale potenza. Grazie al dono dei Ciclopi e all'aiuto dei suoi alleati, Zeus vinse la battaglia.

La maggior parte dei Titani furono mandati negli Inferi, ma quelli che offrirono il loro aiuto a Zeus rimasero liberi. Zeus pensò a una punizione molto particolare per il titano Atlante: gli fu ordinato di sostenere il cielo sulle sue spalle. Si trattava di un compito difficilissimo e per questo motivo malediceva il padre degli dèi.

Così Zeus e i suoi fratelli e sorelle vinsero la famosa Titanomachia, un nome complicato per dire "la grande battaglia contro i Titani." Tuttavia, Zeus fece un errore. Possedeva un'arma potentissima, i fulmini, e, quindi, decise che non avrebbe più avuto bisogno dei giganti che l'avevano aiutato, e li rimandò in prigione. In realtà, egli temeva di perdere il potere appena conquistato. Questa decisione causò molti problemi, ma ve ne parlerò nel prossimo capitolo.

Mito moderno: anche se i Titani non esistono più, il loro ricordo è rimasto fino ai giorni nostri. Quando qualcosa è particolarmente grande o potente, la chiamiamo "titano." Pensiamo alle balene come ai titani del mare, o ai dinosauri che erano i titani dei tempi primitivi. E non è finita! Esiste anche un metallo molto resistente che si chiama titanio!

Tre ciclopi feroci

4.3 L'origine dell'uomo e Prometeo

Abbiamo già parlato molto di dèi e giganti, ma che cosa sappiamo degli esseri umani? Gli dèi all'inizio erano così occupati tra di loro che non pensavano molto agli umani. Ma c'era un Titano di nome Prometeo che la pensava diversamente dagli altri.

Prometeo pensava che il mondo avesse bisogno di qualcosa di speciale. Gli animali erano creature gentili, ma non si poteva fare una chiacchierata con un coniglio. E le piante erano belle, ma non rispondevano quando si parlava con loro. Allora Prometeo ebbe un'idea brillante: avrebbe creato qualcosa che somigliasse a lui!

Prese un po' di argilla e sabbia e iniziò a modellare delle figure. Le fece più piccole di lui perché se le avesse create della sua stessa grandezza, non ci sarebbe stato abbastanza spazio per tutti!

Prometeo era davvero contento delle sue figure di argilla, ma c'era un problema: non erano vive, non si muovevano e non parlavano.

Fortunatamente, Zeus, il re degli dèi, osservò da lontano il lavoro di Prometeo e poiché si stava annoiando lassù sul Monte Olimpo, si interessò a ciò che il Titano stava facendo. Allora, egli decise di lanciare un fulmine sulle figure di argilla, e indovinate un po'? Le scintille del fulmine diedero vita alle statuine di argilla! E così nacquero gli esseri umani!

Prometeo era felicissimo, ma la sua gioia durò poco! Infatti, Zeus disse che i nuovi esseri viventi dovevano fare dei doni e dei sacrifici per onorare tutti gli dèi. All'inizio, gli umani non si lamentavano e pensavano che se fossero stati gentili con gli dèi, potevano guadagnare protezione e simpatia. E così, iniziarono a fare dei doni agli dèi per tenerli contenti.

La disputa sui sacrifici: il geniale stratagemma di Prometeo

Agli dèi, e a Zeus in particolare, piaceva molto quando gli esseri umani facevano dei sacrifici in loro onore ma iniziarono a volerne sempre di più. Questo creò grossi problemi per la popolazione perché si ritrovò con poco da vivere. È un po' come quando devi condividere i tuoi dolciumi e qualcuno li prende quasi tutti e a te ne rimangono solo uno o due.

Gli esseri umani iniziarono a lamentarsi con Prometeo e chiesero il suo aiuto: "Aiutaci! Gli dèi vogliono troppo da noi!" Ora, Prometeo non era solo un Titano, era anche molto intelligente. Il suo nome, infatti, significa "colui che pensa prima di agire" e lui era davvero bravo a pensare a come pianificare le cose e il futuro. Aveva sempre un'idea pronta!

Così, Prometeo parlò con Zeus e gli disse che doveva decidere una volta per tutte quanti e quali sacrifici che gli umani avrebbero dovuto fare agli dèi. Zeus accettò e disse che Prometeo avrebbe dovuto mostrargli alcune opzioni e il re degli dèi avrebbe scelto poi scelto quella che preferiva. Ovviamente, Zeus pensava di scegliere quella migliore!

Ma Prometeo, in realtà, aveva pensato a un piano! Uccise un toro e lo divise in due parti: un mucchio di ossa e un mucchio di carne. Coprì entrambe le parti con la pelle del toro, in modo che Zeus non potesse vedere che cosa c'era dentro. Prometeo fece in modo che il mucchio di ossa risultasse molto più grande.

Zeus venne a dare un'occhiata, esaminò attentamente le due parti e pensando che il mucchio più grande fosse il migliore, lo scelse. Ma sorpresa! Quando scoprì di aver scelto solo ossa, Zeus si infuriò! Avrebbe voluto lanciare un fulmine contro Prometeo, ma controllò la rabbia e promise di mantenere la parola data. Infatti, da quel giorno in poi, gli umani offrirono solo ossa agli dèi e tenettero la carne per loro stessi. Gli umani si rallegrarono perché ora c'era cibo per tutti.

Se si pensa a come Prometeo ingannò Zeus, si capisce che non è sempre tutto oro quello che luccica. Qualcosa che a prima vista sembra fantastico, a uno sguardo più attento può rivelarsi un imbroglio. A volte, bisogna valutare attentamente prima di scegliere!

Il furto del fuoco: il secondo stratagemma di Prometeo

Zeus non era per niente contento che le cose non fossero andate per il verso giusto, ma non poteva rimangiarsi la parola data. Gli umani potevano tenere la carne, ma Zeus decise che non avrebbero potuto cuocerla, e così, rubò loro il fuoco. Senza fuoco, gli esseri umani non potevano cuocere la carne e la carne cruda non è per niente buona. Provate a pensare alla carne cruda del supermercato o del macellaio: non sembra per niente deliziosa come una cotoletta o una bistecca nel tuo piatto, vero?

Fu una grande perdita, perché il fuoco era anche utile per altre cose. Nelle notti fredde, gli esseri umani potevano scaldarsi vicino al fuoco o usarlo per tenere lontani gli animali selvatici. Ma come avrebbero potuto riprenderlo? Non potevano certo andare sul Monte Olimpo e ordinare a Zeus di restituirglielo!

Forse vi starete chiedendo perché gli esseri umani non potevano inventare un altro tipo di fuoco? Oggi è facile, ma allora era un grande segreto. Non c'erano accendini o fiammiferi, si aspettava che un fulmine accendesse un cespuglio o un pezzo di legno e poi le guardie avevano il compito di non far spegnere il fuoco aggiungendo sempre legna. Gli esseri umani non potevano accendere il fuoco dal nulla.

Prometeo era preoccupato per gli esseri umani e molto arrabbiato con Zeus. Ma sapeva di non poter chiedere a Zeus di restituire il fuoco. Il re degli dèi teneva il fuoco al sicuro e minacciava di morte chiunque avrebbe provato a prenderlo. Tuttavia, Promoteo sapeva che c'era un dio che utilizzava il fuoco per lavorare: il dio fabbro Efesto.

Nell'officina di Efesto c'era sempre un gran trambusto perché quando le fiamme salivano, il dio batteva il martello sull'incudine. Proprio grazie a tutto questo rumore, nessuno notò Prometeo che si avvicinò di nascosto alle fiamme e prese un ceppo ardente. Si affrettò per portarlo agli esseri umani che promisero di non far spegnere quella fiamma.

Prometeo aiutò gli umani anche in altri modi insegnando loro mestieri importanti. Grazie al titano, gli esseri umani impararono a lavorare il legno, a scolpire le pietre, a costruire case e a coltivare i campi, ovvero, tutto ciò di cui avevano bisogno per vivere bene insieme.

Ma Zeus si accorse di quanto stavano bene gli esseri umani. Dal Monte Olimpo, poteva vedere e tenere sotto controllo tutto. Quando vide il fumo salire verso il cielo, capì che c'era lo zampino di Prometeo!

La vendetta di Zeus e la scahivitù di Prometeo

Zeus era davvero furioso questa volta e non voleva più fars ingannare da Prometeo. E così, lanciò una delle sue saette sul titano! Il fulmine non uccise Prometeo perché i Titani sono immortali, ma lo fece cadere a terra svenuto. Quando Prometeo riprese i sensi, si ritrovò incatenato.

Zeus non imprigionò Prometeo nel Tartaro. Al contrario, c'era un vento fresco che soffiava sul volto del titano: egli era incatenato ad una montagna, più precisamente su una parete rocciosa delle Montagne del Caucaso. Imprigionandolo lì, Prometeo poteva vedere il mondo e gli esseri umani senza però intervenire per aiutarle; e questa era proprio l'intenzione di Zeus, il quale aveva in mente un piano per far soffrire gli esseri umani.

Ma aspettate, c'è di più! Un'aquila gigante fu mandata a beccare il fegato del povero Prometeo, che non poteva difendersi. Ma poiché era immortale, il suo fegato ricresceva sempre e per questo motivo, l'aquila tornava ogni giorno! Immaginate che qualcuno vi pesti il piede e ogni volta che smette di fare male, ve lo calpesta di nuovo nello stesso punto!

Mito moderno: anche se Prometeo è un personaggio delle storie antiche, ha lasciato un segno nella nostra lingua. Quando qualcuno fa qualcosa di estremamente coraggioso ma allo stesso tempo un po' pericoloso, lo chiamiamo "prometeico." Lottare contro enormi forze è come fare una "lotta prometeica" o un' "impresa prometeica". Un po' come quando gli esseri umani hanno messo piede sulla Luna per la prima volta!

4.4 Il vaso di Pandora

A tutti piacciono le sorprese e i regali, giusto? Ma a volte bisogna stare attenti perché non tutti i regali sono simpatici e graditi soprattutto se non si sa chi ve l'ha dato, o se si pensa che chi ve lo ha dato potrebbe fare scherzi!

Epimeteo, il fratello pigro di Prometeo

Vi ricordate di Prometeo, vero? Ecco, egli aveva un fratello di nome Epimeteo, che era molto curioso ma allo stesso tempo anche un po' pigro. Mentre Prometeo pensava prima di agire, Epimeteo agiva e poi pensava alle conseguenze. Non era cattivo, ma era un po' lento nel pensare e preferiva fare lunghe dormite. Nella lotta contro Crono, aiutò gli dèi e quindi era un titano libero come Prometeo.

Prometeo in catene / Prometeo con la torcia

Purtroppo, non faceva buon uso della sua libertà, oziava e dormiva tutto il giorno.

Gli dèi volevano sottomettere di nuovo gli esseri umani

Gli dèi non erano molto contenti del fatto che gli esseri umani non li tenessero più in considerazione più di quel tanto. Ricordate quando Prometeo diede il fuoco agli umani e insegnò loro tante cose utili? Bene, gli dèi volevano che gli umani tornassero a rivolgersi a loro quando avevano bisogno di aiuto. Per questo motivo, gli dèi escogitarono un piano.

Gli dèi chiesero a Efesto, il dio fabbro, di creare una donna bellissima e gentile che chiamarono Pandora. Ma Pandora non era solo bella - aveva con sé un vaso pieno di spiacevoli sorprese!

Come tutti i mali sono arrivati nel mondo.

Nel vaso erano contenuti tutti i mali che gli dèi avevano pensato: fame, tristezza, malattie, povertà e tanti altri mali che non erano mai esistiti prima. Pandora fu, dunque, mandata sulla Terra con il vaso e data in sposa a Epimeteo.

Prometeo capì subito il piano degli dèi, ma era incatenato a quella montagna e non poteva fare niente. Epimeteo, che non rifletteva mai sulle conseguenze delle sue azioni, accettò di buon grado l'offerta di Zeus e rimase così affascinato dalla bellezza di Pandora che non si accorse del vaso pericoloso.

Il vaso di Pandora

Ed ecco che avvenne ciò che gli dèi desideravano! Una volta a casa di Epimeteo, Pandora aprì il vaso e tutti i mali uscirono e cominciarono a creare problemi agli esseri umani. Da quel giorno, gli umani dovettero combattere contro la fame, le malattie, ecc. Gli umani si resero conto che non potevano affrontare questi mali da soli e cominciarono a pregare e a chiedere aiuto agli dèi. E purtroppo, gli dèi tornarono a chiedere enormi sacrifici agli umani.

Mito moderno: anche se il vaso di Pandora è una storia antica, la gente ancora oggi usa il termine "vaso di Pandora" quando qualcosa succede qualcosa di brutto. A volte, si dice "non aprire il vaso di Pandora", ovvero, non comportarsi in un certo modo o non fare certe cose perché potrebbero portare a un sacco di problemi!

4.5 La Gigantomachia:
la guerra dei giganti

Vi ricordate della battaglia fra Titani? Ecco, ora vi racconteremo un'altra importante battaglia: la Gigantomachia, che significa "guerra dei giganti." Ma chi erano questi giganti?

Gea, la madre Terra, era molto arrabbiata con Zeus perché aveva imprigionato molti dei suoi figli nel Tartaro. Gea sperava che Zeus avrebbe fatto in modo che tutti fossero liberi e felici, ma in realtà egli era solo interessato a mantenere il potere.

Gea manda i giganti i guerra

La Terra era di nuovo governata dal cielo, prima con con Crono, poi da Urano e ora da Zeus. Gea pensava che la Terra dovesse essere lasciata libera ma tutti i suoi sforzi non servirono a nulla fino a quel punto. Questa volta, però, decise di fare qualcosa di diverso dando vita ai Giganti!

I giganti erano enormi e coraggiosi, indossavano pelli di animali, avevano lunghi capelli e barbe e serpenti arrotolati alle loro gambe! A differenza dei titani, i giganti non erano immortali e potevano venir uccisi in battaglia.

Gea sapeva del limite dei giganti e cercò un modo per proteggerli da Zeus e dagli altri dèi. Gea era la Madre Terra e poteva generare vita, quindi creò una pianta magica che avrebbe reso i giganti invincibili.

Purtroppo, Zeus scoprì il piano e chiese aiuto al dio del sole, Elio, ordinandogli di nascondere tutte le luci affinché sul mondo regnasse l'oscurità. Anche a Eos,

Gli dei in lotta con i giganti

la dea dell'alba, non fu permesso di far risplendere la sua luce mattutina. Senza il sole, la pianta magica di Gea non riuscì a crescere e Zeus riuscì a sradicarle tutte. A quel punto, a Elio e a Eos fu permesso di far brillare la luce di nuovo.

Ciononostante, i giganti erano avversari temili e potenti! Strapparono alberi enormi dalla terra, li incendiavano e li scagliarono contro il Monte Olimpo! Tutta la Terra tremava ma i giganti continuarono ad attaccare gli dèi.

Eracle, l'eroe che ha cambiato tutto

All'epoca, c'era una famosa profezia e anche gli dèi ne erano a conoscenza: solo un eroe umano avrebbe potuto aiutarli a vincere la battaglia contro i giganti. Gli dèi aspettarono questo ero per molto tempo, ma Zeus era sempre più impaziente e, quindi, con una donna mortale di nome Alcmena decise di generare questo eroe. Dall'unione nacque il famosissimo Eracle.

Ma c'era un problema. Era, la moglie di Zeus, non era per niente d'accordo con il piano del marito e fece di tutto per rendere la vita difficile ad Eracle. Fu proprio Era a pianificare le "dodici fatiche" che l'eroe dovette superare, ma ve ne parleremo più avanti. Per provare a placare la rabbia di Era, Zeus chiamo il bambino Eracle, che significa "gloria a Era." Già da bambino, l'eroe era forte, combatteva contro animali e serpenti velenosi e aveva sempre la meglio. Ben presto, anche Era capì che per vincere la battaglia contro i giganti, gli dèi avevano bisogno di Eracle.

E così Eracle combatté a fianco degli dèi. Insieme ai gemelli Apollo e Artemide, scagliò contro ai giganti innumerevoli frecce magiche, mentre Zeus li supportava con le sue saette. Poseidone sollevava enormi onde che catapultarono intere isole sui giganti e Atena ne scuoiò uno mentre era ancora vivo. Dopo una lotta durata dieci anni, gli dèi ebbero finalmente la meglio, ma senza l'aiuto di Eracle non ce l'avrebbero fatta.

4.6 Le imprese di Eracle

Tra tutti gli eroi dell'antica Grecia, Eracle era il più forte e il più famoso. Era proprio come una superstar! Anche i Romani lo adoravano ma nella loro lingua, il latino, lo chiamavano Ercole. Già sapete che Eracle ebbe un ruolo fondamentale nella grande battaglia contro i giganti e ora è giunto il momento di scoprire di più su questo leggendario eroe: da dove veniva, come ottenne i suoi incredibili poteri e tutte le avventure che ha vissuto facendolo diventare un personaggio importantissimo per la mitologia greca!

Un giorno, l'Oracolo di Delfi disse a Eracle che avrebbe dovuto superare dodici imprese, o fatiche, per avere un posto sull'Olimpo. Si mise così al servizio di re Euristeo che gli avrebbe assegnato sfide pericolosissime. Ma c'era un problema: Euristeo era un re codardo, crudele e che salì al trono con l'inganno. Essere al servizio di questo re era un'umiliazione per Eracle ma era costretto a fare ciò che l'Oracolo gli ordinò.

La prima avventura di Eracle: il Leone di Nemea

Il primo compito che re Euristeo assegnò a Eracle fu quello di catturare il Leone di Nemea. Ma questo non era un leone normale, era incredibilmente forte e discendente di un drago chiamato Tifone! Per questo motivo, le frecce non potevano penetrare la sua pelliccia! Il leone viveva in una grotta nel deserto di Nemea, che aveva due uscite, e quindi era difficile sapere da quale parte avrebbe attaccato.

Eracle andò nel deserto, era pronto per l'avventura pur sapendo le armi non avrebbero funzionato contro il leone. Decise, dunque, di usare la sua forza e la sua astuzia. Come prima cosa, bloccò una delle uscite della grotta con una rete e poi entrò dall'altra parte. Riuscì finalmente a trovare il leone che ruggì minacciosamente contro di lui.

Eracle non si fece intimorire e si lanciò a mani nude contro il leone lottando con tutte le sue forze! Dopo una lunga battaglia, Ercole ebbe la meglio. Solo un eroe come lui poteva superare una prova così incredibile!

Eracle prese il leone e se lo mise sulle spalle. Quando ritornò a Micene, dove regnava re Euristeo, non gli fu permesso di entrare. Gli abitanti di Micene, e in particolare il re stesso, erano spaventati dalla terribile vista del leone.

Eracle aspettò fuori dalle porte della città l'arrivo di re Euristeo. Quest'ultimo era così codardo e pauroso che fece scavare nella terra una buca nella quale misero una specie di pentola di bronzo in cui il re poteva nascondersi. E così fece! Solo quando Euristeo era al sicuro dentro il suo nascondiglio, Eracle poté avvicinarsi. Considerava il re un vigliacco, ma non osava andare contro alla volontà dell'Oracolo di Delfi perché era anche quella del dio Apollo.

Eracle non portò il leone in città, ne prese solo la pelliccia, che indossava come un mantello, e la testa, che usava come elmo. Vestito così, sembrava proprio un eroe super potente e invincibile e da quel momento in poi si presentò sempre in battaglia con quel mantello e quell'elmo.

La seconda avventura di Eracle: l'Idra di Lerna

La seconda avventura di Eracle consisteva nell'affrontare un mostro spaventoso chiamato Idra di Lerna. Si narra che l'Idra fosse figlia di un drago chiamato Tifone e avesse le sembianze di un cane enorme dalle nove teste di serpente. Queste teste si muovevano così velocemente che nessuno riusciva a schivarle!

La seconda avventura di Eracle consisteva nell'affrontare un mostro spaventoso chiamato Idra di Lerna. Si narra che l'Idra fosse figlia di un drago chiamato Tifone e avesse le sembianze di un cane enorme dalle nove teste di serpente. Queste teste si muovevano così velocemente che nessuno riusciva a schivarle!

Chi avrebbe potuto fermare una simile creatura? Alcuni esseri umani coraggiosi ci provarono, ma con conseguenze devastanti. La bestia non solo era enorme e spaventosa, ma era praticamente immortale: anche se si riusciva a tagliare una delle sue teste, due nuove teste crescevano immediatamente al suo posto! E l'alito dell'Idra puzzava così tanto che era come veleno e provocava la morte di persone e animali.

Eracle sapeva che questo sarebbe stato un lavoro difficile ma non si tirò indietro. Tuttavia, pensò di aver bisogno di aiuto e chiese a suo nipote Iolao di unirsi all'impresa. Iolao era giovane molto coraggioso e fu felice di aiutare suo zio.

Eracle aveva ovviamente un piano. Per prima cosa vennero lanciate delle frecce infuocate per creare così tanto fumo da impedire all'Idra di non vedere bene. Poi, con la sua spada, tagliò le teste e ogni volta che ne tagliava una, Iolao conficcava una torcia infuocata per bruciare il collo dell'Idra in modo da impedire la crescita di nuove teste.

Finalmente, Eracle riuscì a tagliare anche l'ultima testa dell'Idra, che era speciale perché era immortale. Per questo motivo, la nona testa venne seppellita sotto terra e Eracle vi gettò sopra anche una grossa pietra che solo un eroe potente come lui poteva spostare.

Ma non è finita! Eracle ebbe un'idea geniale: prese le sue frecce e le immerse nel veleno dell'Idra. In questo modo, si assicurò un'arma potentissima. Una volta finito, ordinò a Iolao di bruciare il cadavere dell'Idra.

Quando Eracle tornò da re Euristeo, il re non si mostrò soddisfatto e sosteneva che Eracle aveva barato e che senza l'aiuto di Iolao non sarebbe stato in grado di sconfiggere l'Idra. Eracle si arrabbiò ma riuscì a controllarsi. Sapeva che doveva essere paziente e fare quello che l'Oracolo di Delfi gli aveva detto e che avrebbe dovuto servire re Euristeo per dodici anni.

La terza avventura di Eracle: la cerva di Cerinea

Il re Euristeo assegnò un altro compito ad Eracle. Questa volta, l'eroe avrebbe dovuto catturare la Cerva di Cerinea e portarla al re sana e salva!

La Cerva di Cerinea non era una cerva normale, era magica e correva veloce come il vento! Si diceva che fosse la più veloce di tutte le cervi. Inoltre, la cerva apparteneva alla dea della caccia, Artemide, che l'adorava. Era importante che Eracle non facesse del male alla cerva, altrimenti Artemide si sarebbe arrabbiata! In più, Eristeo pretendeva la cerva sana e salva.

La cerva amava trascorrere il tempo vicino al monte Cerineo, da cui prende il suo nome. Se qualcuno provava a avvicinarsi, correva via velocissima e poteva attraversare tutta la Grecia in un batter d'occhio.

Eracle decise di partire da solo e sapeva che doveva essere molto astuto per catturare la cerva senza fargli male. L'impresa era difficilissima e nemmeno la dea Artemide non riuscì mai a catturare la cerva. Tuttavia, Eracle era determinato e sicuro del suo successo.

L'idra di Lerna, il cinghiale erimanno e il mastino infernale Kerberos

Eracle ebbe un'idea geniale: se voleva catturare la cerva senza fargli male, avrebbe dovuto farla stancare. Solo quando l'animale avrebbe esaurito forza ed energia, si sarebbe fermato abbastanza a lungo da permettere ad Eracle di catturarlo. E così, il nostro eroe iniziò a inseguire la cerva senza mai fermarsi e non le diede nemmeno il tempo di mangiare o bere. Inoltre, grazie alle corna d'oro della cerva, Eracle non la perdeva mai di vista. Questa lunga caccia durò un anno intero!

Ma finalmente arrivò il giorno in cui la cerva si stancò. Si fermò a bere sulla riva del fiume Ladone. Questa era l'occasione che Eracle stava aspettando! Si avvicinò di soppiatto alla cerva, le legò le zampe e la caricò sulle spalle. E così, l'eroe riuscì a catturare l'animale senza versare una goccia di sangue!

Sulla via del ritorno a Micene, Eracle ebbe una grande sorpresa! All'improvviso, gli apparvero due figure splendenti: una donna e un uomo. Indossavano un'armatura e avevano archi e frecce. L'arco della donna era d'argento, quello dell'uomo d'oro. Queste figure non potevano che essere Artemide e Apollo!

Artemide era arrabbiata con Eracle perché aveva catturato la sua cerva ma l'eroe le spiegò che lo aveva fatto solo perché il re Euristeo glielo aveva ordinato e che stava ubbidendo a ciò che l'Oracolo di Delfi gli aveva detto. Solamente il fratello riuscì a calmare la sorella e a Eracle fu permesso di proseguire.

Eracle portò la cerva a Micene, ma ancora una volta re Euristeo non era contento. Infatti, egli temeva di far arrabbiare la dea Artemide e perciò non voleva che la cerva entrasse nella città. Dopo essersi nascosto nella pentola di bronzo, Euristeo disse a Eracle che aveva fatto un buon lavoro e, a quel punto, l'eroe liberò la cerva.

La quarta impresa di Eracle: il cinghiale di Erimanto

Anche la quarta impresa consisteva nella cattura di un animale: : il cinghiale di Erimanto. Era un cinghiale mostruoso che viveva ai piedi del Monte Erimanto, da cui prende il nome.

Eracle doveva catturare il cinghiale e portarlo vivo a re Euristeo. Per rendere l'impresa ancora più faticosa, lungo la strada, Eracle incontrò dei centauri, ovvero, creature a metà tra uomini e cavalli. All'inizio, i centauri accolsero l'eroe ma quando Dioniso, il dio del vino, lasciò scorrere il vino sulla loro terra, essi si ubriacarono e iniziarono a litigare. Purtroppo, molti centauri persero la vita e quelli che sopravvissero fuggirono in un luogo lontano. Eracle si arrabbiò molto perché aveva perso molto tempo a causa dei centauri e di Dioniso. Ben presto, si incamminò di nuovo alla ricerca del cinghiale.

Ecco che arrivò il giorno in cui lo trovò e lo affrontò in un modo molto simile a quello della cerva. Lo inseguì sul Monte Erimanto finché l'animale non si stancò tanto da rimanere intrappolato nella neve. Eracle riuscì a legarlo e se lo mise sulle spalle! Lo portò a Micene e questa volta non ebbe problemi lungo la strada.

Quando Euristeo seppe che Eracle stava tornando, corse nel suo nascondiglio e da lì dichiarò che l'impresa era stata portata a termine con successo!

La quinta impresa di Eracle: le stalle di Augia

Adesso, immaginate delle stalle enormi con numerose mucche e altrettanti tori. Le stalle appartenevano a re Augia, e, indovinate un po'? Era da un bel po' di tempo che nessuno le puliva!

Ad Eracle fu ordinato di pulire le stalle in un solo giorno! Sembra impossibile, vero? Euristeo gli assegnò questo compito di proposito per umiliare l'eroe. Nell'antica Grecia questo lavoro era sempre stato assegnato ai servi o agli schiavi.

Le stalle erano enormi e il bestiame di Augia era così numeroso da raggiungere l'orizzonte! Ma c'era anche un altro problema: quando Eracle si avvicinava alle mucche e ai tori, gli animali pensavano che fosse un leone e attaccavano il nostro eroe! Tuttavia, Eracle riuscì anche in questa impresa. Come?

Eracle ebbe un'idea geniale: distrusse i muri delle stalle e deviò il corso di due fiumi, l'Alfeo e il Peneo. In quel modo, l'acqua dei fiumi lavò le stalle portando via i rifiuti e la sporcizia accumulata nel tempo. Tutto si pulì in un lampo!

Eracle era proprio soddisfatto del lavoro svolto, anche perché non dovette fare particolari sforzi.

La sesta impresa di Eracle: gli uccelli del lago Stinfalo

Eracle era un grande eroe e possedeva molte abilità, ma una cosa che certamente non sapeva fare era volare e la sua nuova sfida rischiava di diventare un fallimento. Eracle avrebbe dovuto sconfiggere gli uccelli che vivevano vicino al lago Stinfalo.

Questi uccelli, che prendono il nome dalle rive paludose del lago Stinfalo, non erano come i piccioni che vedi in piazza, o i gabbiani al mare. Questi uccelli erano enormi e si diceva che avessero piume d'acciaio! Erano davvero spaventosi e spesso attaccavano gli esseri umani. Vivevano in una palude in cui non si poteva né camminare né navigare.

Eracle pensò a lungo a come eliminare gli uccelli. Fortunatamente, la dea Atena venne in suo aiuto. La dea aveva seguito con molta attenzione le imprese di Eracle ed egli si era guadagnato la sua simpatia e protezione. Atena apparve all'eroe e gli fece dono di due campane per far uscire gli uccelli dal loro nascondiglio.

E così fece! Suonò le campane e gli uccelli si alzarono in volo e così poté colpirli con le sue frecce. Rimasero alcuni sopravvissuti che però volarono via e non fecero più ritorno al lago.

Eracle aveva completato un'altra impresa ma re Euristeo si lamentò perché anche questa volta l'eroe era stato aiutato. Tuttavia, il re non voleva scatenare l'ira di Atena e dichiarò che l'impresa era stata superata.

La settima impresa di Eracle: il toro di Creta

"Un altro toro?!" penserete. Ma era il famosissimo toro di Creta! Un gigante che correva per l'isola di Creta combinando un sacco di guai. Era talmente grosso e agitato che rovinava i campi e raccolti e il popolo finì per non avere abbastanza cibo. Inoltre, la leggenda narra che questo temibile toro era il padre del Minotauro, ma questa, però, è un'altra storia.

Re Euristeo assegnò questo compito a Eracle nella speranza di un fallimento. L'eroe però aveva superato tutte le prove ed era sicuro di superare anche questa. E così partì per un lungo viaggio verso l'isola di Creta.

Nessuno sapeva con certezza le origini del toro. Alcuni racconti narrano che inizialmente il toro era un sacrificio in onore degli dèi, ma Minosse, il re di Creta, si rifiutò di rinunciare ad un animale così maestoso e potente. Per questo motivo, gli dèi punirono Minosse e il suo popolo, trasformando il toro in una piaga e in un vero e proprio problema.

Eracle decise di non uccidere il toro per non far infuriare gli dèi. Dopo una lunga e straziante lotta che fece tremare tutta la Terra, l'eroe riuscì a catturare l'animale e a portarlo a Micene.

Una volta arrivato a Micene, Eracle mostrò il toro re Euristeo, che dal suo nascondiglio dichiarò che l'impresa era stata superata e ordinò l'allontanamento della bestia dalla città. Eracle caricò il toro sulle sue spalle e lo portò a Corinto, dove, poi, lo liberò. Non sappiamo nulla della reazione dei Corinzi, ma si narra che l'eroe Teseo, di cui parleremo più avanti, lottò con il figlio del toro dell'isola di Creta.

E così, il nostro eroe Eracle superò con un'altra sfida!

L'ottava impresa di Eracle: le cavalle di Diomede

Per l'ottava sfida, re Euristeo pensò a qualcosa di perfido. Questa volta, Eracle doveva recarsi da Diomede, re della Tracia, e che era molto temuto in quanto monarca tiranno e crudele. Egli possedeva quattro cavalle selvagge il cui aspetto faceva rabbrividire chiunque. Si narra che le cavalle provenissero dagli Inferi e che una volta appartenessero ad Ade. Sembravano più demoni che cavalle e il re le utilizzava per spaventare i suoi sudditi. Diomede era solito gettare i suoi nemici nei pressi della stalla delle cavalle e queste, con le loro fauci enormi, li divoravano.

Ma Eracle era un eroe coraggioso e partì, così, per la Tracia. Una volta arrivato, trovò le cavalle e iniziò ad osservarle. I guardiani della stalla erano tipo poco raccomandabili ma Eracle non era per niente impaurito e con la sua clava riuscì a sconfiggerli.

Una volta sconfitte le guardie, Eracle prese le cavalle e le condusse in riva al mare. Non aveva un piano ben preciso, ma sapeva che doveva separare queste bestie dal padrone. Nel frattempo, Diomede venne a sapere che Eracle aveva catturato le sue cavalle e si mise alla caccia dell'eroe. Una volta trovato, i due iniziarono a combattere ma anche questa volta Eracle ebbe la meglio. Quando le cavalle videro che il loro padrone era stato sconfitto, lo divorarono. E così, il tiranno subì la stessa sorte che toccò a tanti suoi nemici!

Eracle era disgustato da questi eventi terribili ma decise di portare le cavalle da re Euristeo. Ma indovinate un po'? Re Euristeo era così spaventato dai cavallini che si nascose e non ebbe il coraggio di guardare i destrieri dagli occhi infuocati e che sbuffavano di rabbia. Il re voleva sbarazzarsi al più presto di queste bestie pericolosissime.

Eracle decise di portare le cavalle sull'Olimpo dove le liberò. Da quel momento, non si seppe più nulla delle cavalle di Diomede. Si dice che siano rimaste vittima di altri animali selvatici, ma c'è anche chi crede che Zeus, rendendosi conto della minaccia di questi animali, le abbia uccise con le sue saette.

Comunque sia, Eracle riuscì a completare un'altra fantastica impresa!

La nona impresa di Eracle: la cintura di Ippolita, regina delle Amazzoni

Un tempo, nell'antica Grecia, le donne non andavano in guerra, non scendevano nel campo di battaglia. Anche a Sparta, dove le ragazze si allenavano duramente, ai soli uomini era permesso combattere. L'unica eccezione a questa regola era il gruppo delle Amazzoni. Esse erano abilissime e famosissime guerriere greche.

La regina delle Amazzoni si chiamava Ippolita e possedeva una cintura lussuosa ed elegante. Si diceva che fosse fatta d'oro e che Ares, il dio della guerra, gliel'avesse regalata; o almeno così si raccontava alla corte di re Euristeo.

Un giorno, la figlia di re Euristeo, la principessa Admeta, sentì parlare di questa cintura e insistette affinché il padre gliela regalasse. Re Euristeo voleva esaudire il desiderio della figlia e pensò che solo Eracle poteva portare a termine il compito. E così, mandò Eracle alla ricerca della cintura di Ippolita.

Quando Ippolita venne a sapere che Eracle, il più grande e forte di tutti i guerrieri greci, stava per arrivare da lei, reagì con grande gioia. Chi, se non Eracle, sarebbe stato un marito adatto e degno della regina delle Amazzoni?

Ippolita incontrò Eracle e gli disse che gli avrebbe dato la cintura come segno del suo amore. Ma mentre i due stavano parlando, qualcosa di strano accadde! La dea Era, che non aveva in simpatia l'eroe, non poteva accettare che Eracle si fosse impadronito così facilmente della cintura. E così, la dea si trasformò in un'Amazzone e convinse le altre donne guerriere che Eracle era un uomo malvagio venuto per rapire la regina delle Amazzoni e che, quindi, avrebbero dovuto combattere contro di lui!

Ingannate da Era, le Amazzoni attaccarono Eracle. Egli non si fece intimidire, prese la cintura, afferrò la sua clava e si difese dalle guerriere. Purtroppo, molte Amazzoni, Ippolita compresa, furono ferite.

Eracle tornò a Micene e consegnò la cintura d'oro alla principessa Admeta. Questa volta, re Euristeo era soddisfatto del successo di Eracle e, inoltre, non ebbe bisogno di nascondersi. E così, Eracle completò la sua nona impresa!

La decima impresa: le vacche di Gerione

Dopo tutte le avventure che Eracle aveva superato, potreste pensare che ne avesse avuto abbastanza. E invece no! Inoltre, re Euristeo aveva un altro compito per lui: avrebbe dovuto catturare delle mucche.

Ma aspettate, queste non erano mucche normali. Esse appartenevano a re Gerione di Tartesso, nell'attuale Spagna. Gerione non era un uomo comune. Si diceva che discendesse dalle Gorgoni e, infatti, era un gigante a tre teste, tre torsi e sei braccia! E, naturalmente, era anche fortissimo; alcuni sostenevano addirittura che fosse l'uomo più forte del mondo, addirittura più forte di Eracle!

Il nostro eroe Eracle dovette affrontare un lungo viaggio per raggiungere la terra in cui viveva Gerione. Inoltre, sapeva che il re avrebbe fatto di tutto per impedirgli di prendere le mucche e, quindi, approfittò del lungo viaggio per allenarsi. Quando la nave superò lo stretto di Gibilterra, decise di allenarsi ancora. Si fermò e costruì due grandi colonne di pietra: una per ogni lato dello stretto. Queste colonne sono ancora lì, dove le aveva costruite il nostro eroe e vengono chiamate da tutti le Colonne di Eracle!

Le vacche di Gerione pascolavano sull'isola dell'Eritea, il re pensava che su quell'isola, la sua mandria sarebbe stata al sicuro, ma si sbagliava! Eracle arrivò sull'isola, sconfisse i guardiani e caricò le mucche sulla sua nave.

Quando Eracle tornò con tutte le mucche, re Euristeo non poteva crederci! Non sapeva davvero cosa fare con tutte quelle mucche, il suo obiettivo era quello di mettere in difficoltà l'eroe. Per non fare arrabbiare gli dèi, il re decise di sacrificare le mucche in onore della dea Era.

E così, Eracle completò anche la sua decima impresa!

L'undicesima impresa di Eracle: le mele dorate del giardino delle Esperidi

È impossibile non amare le mele! Sono croccanti e deliziose da mangiare! Ma le mele che Eracle doveva raccogliere non erano mele comuni.

Queste mele erano d'oro si trovavano nel giardino delle Esperidi! Gea, la madre Terra, le aveva regalate alla dea Era quando si sposò con Zeus. E chi curava e proteggeva queste mele? Le Esperidi, che erano principesse sorvegliate da un enorme drago di nome Ladone. Le Esperidi erano le figlie del titano Atlante, colui che reggeva il cielo sulle sue spalle!

Nessuno sapeva dove si trovasse questo giardino, nemmeno Eracle, e per questo motivo dovette cercarlo a lungo. Durante la sua ricerca, arrivò sulle montagne del Caucaso, dove incontrò il titano Prometeo, incatenato lì da Zeus perché aveva rubato il fuoco dagli dèi per poi donarlo agli esseri umani. Eracle uccise l'aquila e liberò il titano che in cambio gli disse dove trovare il giardino.

Cuando llegó al jardín, Heracles no quería pelear con el dragón ni con las Quando Eracle arrivò nel giardino, si rese conto di due problemi: come poteva sconfiggere le mele senza ferire le Esperidi? Come non distruggere il giardino durante le lotta con il drago? Ebbe un'idea geniale! Eracle si rivolse ad Atlante che decise di aiutarlo ma in cambio di una pausa dal pesante fardello che portava sulle spalle. Eracle accettò.

Atlante andò nel giardino e raccolse le mele. Il drago e le Esperidi non fecero storie perché era il loro papà. Nel frattempo, Eracle teneva il cielo sulle sue spalle cercando di non causare alcun tremore. Quando Atlante tornò con le mele, decise che non era più disposto a tenere il cielo sulle spalle e che avrebbe portato le mele a re Euristeo.

Oh no! Non ci voleva proprio! Eracle doveva trovare una soluzione velocemente. In un battibaleno, escogitò uno stratagemma. Accettò la proposta di Atlante ma gli chiese di tenere il cielo per un attimo in modo da mettersi un cuscino sulle spalle. Quando Atlante prese il cielo, Eracle raccolse le mele, lo ringraziò e corse via.

Vedendosi consegnare le mele, re Euristeo diventò nervoso. Certo, era felice di vedere con i propri occhi le famosissime mele d'oro del giardino delle Esperidi, ma esse appartenevano agli dèi e, quindi, non voleva tenerle. Restituì le mele a Eracle che saggiamente pensò la stessa cosa e decise di portare il raccolto al tempio di Atena. La dea, sempre ben disposta ad aiutare l'eroe, decise di risolvere il problema inviando le mele ai servi della dea Era affinché questa non si arrabbiasse.

E voilà! Anche l'undicesima impresa di Eracle fu completata!

La dodicesima impresa di Eracle: Cerbero, il mastino infernale

Sebbene Eracle avesse compiuto numerose imprese straordinarie, nessuna si avvicinava al pericolo della sua dodicesima fatica. Questa volta re Euristeo chiese a Eracle di catturare Cerbero, il cane guardiano degli Inferi.

Questo compito era pericolosissimo perché Eracle sarebbe dovuto scendere nel regno degli Inferi rischiando la sua vita! Ma indovinate un po'? Eracle non era solo! Ermes e Atena decisero di aiutarlo e lo accompagnarono in questa delicatissima impresa.

Quando arrivarono sulla riva del fiume Stige, l'ingresso al regno degli Inferi, incontrarono Caronte. Egli era il traghettatore che trasportava le anime dal fiume agli Inferi e quando vide i compagni di viaggio di Eracle lo fece passare. Ma questo fece arrabbiare Ade, il dio del regno degli Inferi, che poi punì Caronte molto severamente.

Il regno degli Inferi, era pieno di spiriti e di ombre. Fra questi spiriti, Eracle ne riconobbe alcuni. La presenza di Eracle negli Inferi non era ben voluta da nessuno e gli spiriti, non avendo più una goccia di sangue, erano invidiosi del sangue di Eracle. L'eroe sapeva che Ade aveva delle mandrie, le trovò, le sacrificò e donò il loro sangue agli spiriti.

La moglie di Ade e regina degli Inferi, Persefone, si accorse di tutto questo trambusto e portò Eracle da suo marito. Ade scoppiò a ridere quando venne a conoscenza dell'impresa che doveva compiere Eracle e gli disse che poteva prendere Cerbero, ma solo se fosse riuscito a sottometterlo con le sue mani.

Iniziò, dunque, il combattimento tra Eracle e Cerbero che fece tremare gli Inferi e tutta la Terra. Alla fine, Eracle ebbe la meglio! Come? Salì sopra al cane, vide una crepa che conduceva alla terraferma e diresse Cerbero proprio lì.

Quando re Euristeo vide Cerbero, non poteva credere ai suoi occhi e aveva un solo desiderio: Cerbero doveva tornare negli Inferi al più presto. Così, Eracle liberò il cane, che tornò immediatamente dal padre.

E così, Eracle portò a termine anche la dodicesima e ultima impresa! Aveva dimostrato di essere un eroe valoroso e l'oracolo di Delfi dichiarò che Eracle era così straordinario e che poteva essere considerato un dio dell'Olimpo. Persino Era dovette ammettere che Eracle meritava un posto fra gli dèi.

4.7 La scelta di Paride

C'era una volta una città chiamata Troia, in cui viveva un principe bello e affascinante di nome Paride. Ma Paride era un po' troppo sicuro di sé e pensava di non aver bisogno di nessuno di speciale accanto a lui.

Un giorno, il padre di Paride, re Priamo, ricevette una profezia: suo figlio, il principe Paride, avrebbe portato alla rovina la potente città di Troia. Re Priamo amava molto il figlio e lo lasciò vivere liberamente. Inoltre, Paride sembrava un ragazzo normale che amava vestirsi elegantemente e che chiacchierava con molte ragazze. Ma poi, qualcosa accadde e le cose cambiarono!

Come spesso accadeva, erano gli dèi a causare guai e nemmeno la città di Troia fu risparmiata. Purtroppo, Paride si ritrovò coinvolto direttamente. Questa volta, fu opera di Eride, sorella di Ares e dea della discordia. Elaborò un piano per causare discordia e litigi sull'Olimpo. Mostrò una mela d'oro bellissima alle dee dell'Olimpo sui era scritto: "Alla dea più bella."

Scoppiò un enorme litigio fra Era, Afrodite e Atena: ognuna delle tre dee credeva di essere la dea più bella! Poiché non riuscivano a mettersi d'accordo tra loro, avevano bisogno di un arbitro imparziale, e chi poteva essere più adatto a svolgere questo compito se non il principe Paride?

Le dee indossarono i loro abiti migliori e andarono a Troia. Trovarono Paride che si stava rilassando su un prato e gli chiesero di scegliere la più bella tra loro. Paride era un po' nervoso perché non voleva far arrabbiare nessuna delle dee.

Le dee si contendono il favore di Paride

Ogni dea provò a convincerlo offrendogli delle ricompense: Le dee decisero di offrirgli dei regali per convincerlo. Era gli offrì ricchezza, Atena gli promise forza e potere e Afrodite gli offrì la donna più bella del mondo. E secondo voi chi scelse?

Avete indovinato! Paride amava le belle ragazze, quindi scelse Afrodite, a cui diede la mela d'oro mandando su tutte le furie Era e Atena.

Afrodite mantenne la sua promessa e disse a Paride che la ragazza più bella del mondo era Elena. Paride non sapeva che Elena avrebbe causato a lui e a molti altri numerosi problemi. Infatti, Elena era già sposata! E così iniziò il grosso guaio profetizzato a Re Priamo.

Mito moderno: ancora oggi quando diciamo "pomo della discordia", ci riferiamo a una questione delicata per cui le persone litigano; è proprio come quella mela d'oro che Eride usò per far litigare le dee!

4.8 La guerra di Troia

Dopo aver dato la mela d'oro ad Afrodite, Paride partì per Sparta per reclamare il suo premio. Elena, però, era sposata con re Menelao, ma quando vide Paride, se ne innamorò subito! Forse c'era proprio lo zampino di Afrodite o di suo figlio Eros. A quel punto Elena decise di scappare con Paride e insieme navigarono fino a Troia, dove pensavano di essere al sicuro.

Le predizioni di Cassandra

Paride aveva molti fratelli e sorelle e una di queste era Cassandra. Cassandra era molto bella ed aveva un dono speciale: poteva prevedere il futuro. Questo potere le fu donato da Apollo. Egli era innamorato di Cassandra e le promise di donarle la preveggenza se fosse diventata la sua amante. Cassandra ricevette il potere ma poi rifiutò Apollo. A quel punto, il dio andò su tutte le furie e le disse che nessuno avrebbe mai creduto alle sue predizioni.

Cassandra prova a salvare Troia

Cassandra predisse che Paride avrebbe causato molti guai alla città di Troia ma nessuno la ascoltò. Disse la stessa cosa anche di Elena e, quindi, la donna sarebbe dovuta tornare a Spara il prima possibile. Purtroppo, ancora una volta, nessuno la ascoltò. E così, tutto quello che Cassandra aveva predetto, iniziò ad avverarsi.

L'assedio di Troia

Quando Paride arrivò a Troia con Elena, pensava di essere al sicuro e che nessuno potesse raggiungerli. Ma Menelao, il marito di Elena, era un re molto potente e astuto e rivoleva sua moglie. Il re spartano chiese aiuto al fratello Agamennone, re di Micene. Insieme radunarono un grande esercito e così due fra i più grandi eroi della Grecia partirono per riportare a casa la bella Elena! Presero parte alla spedizione l'astuto Odisseo e l'eroe Aiace. Salparono con una flotta di navi e si diressero verso Troia dando inizio a una guerra durata circa dieci anni!

Gli dèi scelgono i loro campioni

Alla guerra di Troia, parteciparono anche gli dèi. Alcuni di loro presero le parti di Troia e altri quelle della Grecia. Ad esempio, la dea Artemide era particolarmente arrabbiata con Agamennone perché sosteneva di essere un cacciatore migliore di lei! Per questo motivo, la dea inviò un vento che spirava in direzione contraria alle navi greche.

I greci non capivano il perché di quel vento e consultarono i veggenti. Essi spiegarono che solo una cosa poteva placare l'ira della dea Artemide: re Agamennone avrebbe dovuto sacrificare la propria figlia, Ifigenia! Il re era disposto a farlo ma prima che potesse compiere il terribile atto, intervenne la dea Artemide che sostituì la principessa con una cerva. Portò, poi, Ifigenia con sé a Tauride, dove divenne sua sacerdotessa. Finalmente, i greci riuscirono a proseguire nel loro lungo viaggio.

Il tallone di Achille

Probabilmente, il più grande eroe dei greci fu il potente guerriero Achille. Come Eracle, anche Achille era un semidio: sua madre era Teti, una ninfa marina. Forse ricorderete che Teti si prese cura del piccolo Efesto dopo essere stato cacciato dall'Olimpo dai suoi genitori, Zeus ed Era. Teti era straordinariamente bella e molti dèi la desideravano, ma c'era un'oscura profezia su di lei: il figlio di Teti un giorno avrebbe rovesciato il potere del padre. Per questo motivo, nessuno degli dèi osò mai disturbare la ninfa. Teti sposò il coraggioso re Peleo che non sapeva nulla della profezia e, infatti, fu estremamente felice della nascita del figlio.

Il bagno nel fiume Stige

Teti amava moltissimo suo figlio e voleva tenerlo al sicuro da ogni pericolo. Essendo una ninfa, conosceva molti trucchi e magie e un giorno portò Achille ancora bambino sulla riva del fiume Stige! La ninfa immerse in figlio nelle acque magiche del fiume tenendolo per il tallone, che fu l'unica parte del corpo che non si bagnò. Questo bagno fece diventare Achille invulnerabile e invincibile. Aveva solo un punto debole: il tallone.

Mito moderno: Oggi usiamo l'espressione "il tallone d'Achille" per riferirci a un punto debole. Per esempio, se a scuola avete una materia che non vi piace e in cui non siete bravi, quella materia è il vostro "tallone d'Achille".

Le avventure di Achille nell'isola di Sciro

Teti non voleva che Achille partecipasse alla guerra, quindi lo travestì da ragazza e lo nascose tra le figlie del re Licomede, le principesse dell'isola di Sciro. Quando gli eroi greci erano alla ricerca di Achille per reclutarlo, non riuscirono a trovarlo. Ma Odisseo, un personaggio davvero molto astuto, ebbe un'idea geniale: mise delle armi tra i gioielli delle principesse e disse loro che le loro ricchezze erano in pericolo. Tutte le ragazze corsero per proteggere i gioielli, mentre Achille corse verso le armi per proteggere l'isola! Così Odisseo lo riconobbe e lo convinse a unirsi ai greci nella battaglia contro Troia. Achille accettò e partì subito.

L'armatura di Achille

Teti, non riuscì a fermare il figlio e si rivolse ad Efesto chiedendogli di costruire un'armatura per Achille. Efesto era molto affezionato a Teti e la onorava come una madre, quindi, si fece in quattro per forgiare la migliore armatura di tutti i tempi. Achille era fortissimo e sapeva combattere meglio di chiunque altro. Quando era ancora un adolescente, un centauro di nome Chirone gli insegnò a lottare. Inoltre, gli dèi gli donarono due cavalli immortali e in grado di comunicare con gli umani: Xanto e Balio. Essi lo accompagnarono in tutte le battaglie trainando il suo carro. Quando i Troiani videro arrivare Achille sul suo carro, tremarono di paura: sapevano che non c'era scampo contro questo terribile guerriero.

Il litigio con Agamennone e l'ira di Achille

Achille era un guerriero importantissimo per l'esercito greco, ma purtroppo, un giorno il nostro eroe litigò con Agamennone. Agamennone, essendo un re, prese ciò che voleva, e spesso non rispettava le promesse. Infatti, avrebbe dovuto riconsegnare Criseide a suo padre Crise, il sacerdote di Apollo, ma si rifiutò. Ciò scatenò la rabbia di Apollo che si vendicò facendo scoppiare una terribile epidemia fra i greci. Agamennone a questo punto fu costretto a restituire la schiava ma volle al suo posto Briseide, la schiava di Achille. Quest'ultimo andò su tutte le furie e decise di non combattere più e di rimanere nella sua tenda.

Elena vede sbarcare la flotta nemica

La morte di Patroclo

Quando Achille smise di combattere, i Troiani cominciarono a vincere. Inoltre, Achille era il favorito di molti dèi e quindi questi ultimi non aiutarono molto i greci durante le battaglie. Tutta la Grecia supplicò Achille di scendere di nuovo sul campo di battaglia, ma lui rifiutò sempre ogni preghiera e richiesta. Molti guerrieri, allora, iniziarono a considerare Achille un codardo e un vigliacco. Patroclo, il miglior amico di Achille, non voleva che l'amico venisse considerato un traditore ed ebbe un'idea: prese l'armatura di Achille e finse di essere il grande eroe. Così vestito, Patroclo andò a combattere. I Troiani ebbero paura, mentre i Greci esultarono di gioia. Tuttavia, le cose iniziarono a non andare per il verso giusto. Infatti, Ettore, fratello maggiore di Paride e guerriero abilissimo, si trovò nello stesso campo di battaglia e osò sfidare il finto Achille. Iniziò una lunga battaglia da cui Ettore ne uscì vincitore! Rimuovendo l'elmo, però, si accorse di aver ucciso Patroclo e non Achille.

La vendetta di Achille

Quando Achille ricevette la notizia della morte del suo migliore amico andò su tutte le furie. L'eroe chiese a sua madre, Teti, di seppellire Patroclo e si rivolse anche a Efesto per ottenere un'altra armatura. La prima armatura era finita nelle mani di Ettore. Achille decise di combattere di nuovo e a causa dei suoi temibili attacchi, fece cadere decine e decine di troiani: nessuno riusciva a fermarlo! Ettore decise di sfidare Achille, questa volta quello vero, e dopo una battaglia lunga e stancante, l'eroe greco ebbe la meglio. Achille non voleva restituire il corpo di Ettore al padre Priamo, ma Teti lo supplicò: ogni eroe caduto in guerra aveva diritto a una degna sepoltura.

La morte di Achille

Dopo la battaglia tra Achille ed Ettore, i Troiani si barricarono dietro le mura della loro città e, nonostante svariati tentativi, i Greci non riuscirono a entrarci. Purtroppo, durante una di queste incursioni, una freccia colpì Achille nel suo unico punto debole, il tallone, facendolo morire. La freccia fu scagliata proprio da Paride, il fratello di Ettore, e con l'aiuto di Apollo, abile arciere, vendicò la morte del fratello.

Il cavallo di Troia e l'ultima profezia di Cassandra

I greci erano ormai stanchi della guerra volevano tornare a casa. Anche re Agamennone era pronto ad arrendersi ma re Menelao non era disposto a lasciare la moglie in mano ai troiani. Purtroppo, però, non avevano un piano. Chi fu dunque ad avere un lampo di genio che permise ai greci di entrare nella città di Troia? Esatto, proprio lui: Odisseo!

Odisseo spiegò il suo stratagemma ai due re che decisero di provare. E così, venne costruito un cavallo di legno enorme e lasciato fuori dalle mura di Troia. All'interno del cavallo, si nascosero i guerrieri greci più valorosi. Inoltre, i Greci fecero finta di andarsene con le loro navi; in realtà, si nascosero in una baia non lontana dalla città.

Quando i Troiani videro le navi greche allontanarsi, esultarono di gioia convinti di aver vinto la guerra. Inoltre, pensarono che il cavallo di legno al di fuori delle mura fosse un dono del dio Poseidone. Essi portarono il cavallo all'interno della città come simbolo di vittoria! Cassandra, la figlia di re Priamo, disse a tutti che il cavallo era solo un trucco escogitato dai greci e che avrebbe causato la rovina dei Troiani. Purtroppo, a causa della maledizione di Apollo, nessuno la ascoltò.

La caduta di Troia

Dopo aver trasportato il cavallo all'interno della città, i Troiani iniziarono i festeggiamenti. Scese la notte e tutti si addormentarono tranquilli, sicuri di aver vinto la guerra. Era l'occasione perfetta per i guerrieri greci di entrare in azione. Uscirono silenziosamente dal loro nascondiglio e aprirono le porte della città ai Greci tornati a Troia con le loro navi. Iniziò, così, un'altra battaglia in cui molti Troiani persero la vita, compreso Paride. E così, Elena tornò in Grecia con il marito Menelao. Questa volta, la guerra era davvero finita!

Mito moderno: Sai che "cavallo di Troia" è un termine che usiamo anche oggi? Lo usiamo per indicare qualcosa che a prima vista sembra essere innocuo, che non crea problemi. Nel mondo dell'informatica, un "cavallo di Troia" è un programma che sembra normale, ma, in realtà, può causare dei danni al computer. È chiamato così perché, come il cavallo di legno, sembra innocuo, ma ha una sorpresa al suo interno!

Il famoso cavallo di Troia

4.9 L'avventura di Ulisse

Hai già sentito parlare di Odisseo durante la guerra di Toria, ma vediamo più nel dettaglio alcune delle sue avventure! Non era forte come Ercole e non era figlio di Zeus, ma era molto astuto e sapeva trovare sempre la soluzione giusta al momento giusto. Odisseo era il re di un'isola di nome Itaca. Dopo aver aiutato i Greci a vincere la guerra contro Troia, desiderava tornare a casa dove lo attendevano sua moglie Penelope, suo figlio Telemaco e tutti i suoi fedelissimi sudditi.

La lite con Poseidone

Anche Odisseo non vedeva l'ora di rivedere la moglie Penelope e il figlio Telemaco. La separazione era stata difficile per lui e non aveva partecipato volentieri alla guerra contro Troia. Pur di non andare in guerra, si finse pazzo ma gli altri greci si accorsero dello stratagemma e lo costrinsero a partire. Odisseo era contento che tutto fosse finito, ma non sapeva che la sua più grande avventura lo stava aspettando! Egli avrebbe dovuto affrontare un nemico molto più terribile e potente dei Troiani. Infatti, Poseidone era molto arrabbiato con lui. Il dio del mare sosteneva i Troiani durante la guerra e quando venne a sapere che Odisseo usò un cavallo per vincere, un animale considerato sacro per il dio, andò su tutte le furie. Così, Poseidone creò onde altissime e pericolose in modo da far perdere alla nave di Odisseo la rotta di casa.

L'isola dei Ciclopi

Dopo che il mare si calmò, Odisseo e il suo equipaggio persero la rotta, ma videro un'isola davanti a loro. Avevano bisogno di cibo e quindi deciso di fermarsi. Ovviamente, non sapevano che quell'isola era abitata dai Ciclopi, i giganti con un solo occhio! Ve li ricordate? Dopo la battaglia dei Titani, alcuni Ciclopi si unirono ad Efesto per lavorare nella sua officina, altri, invece, cercarono una nuova casa e scelsero quell'isola. I Ciclopi erano mangiatori di uomini e uno di loro, Polifemo, figlio di Poseidone, riuscì a catturare alcuni uomini della ciurma per poi mangianserli nella sua grotta. Grazie alla sua astuzia, Odisseo accecò il Ciclope con un palo infuocato in modo che non potesse vedere dove stavano fuggendo i suoi prigionieri. Le grida di dolore del Ciclope ferito raggiunsero Poseidone che si infuriò ancora di più con Odisseo e giurò di impedire all'eroe di raggiungere la sua casa a Itaca.

L'incantesimo della maga Circe

Per fortuna, alcuni dèi avevano in simpatia Odisseo. Infatti, Eolo, il dio del vento, regalò al nostro eroe un sacco pieno di vento per aiutarlo a navigare più velocemente. Purtroppo, però, alcuni uomini della ciurma pensavano che dentro a quel sacco ci fosse un tesoro, e mentre Ulisse dormiva, lo aprirono! Il vento si alzò senza controllo e portò la nave fuori rotta! Questa volta, arrivarono sull'isola di Eea, dove viveva una maga di nome Circe. Circe non amava i visitatori e trasformò gli uomini di Odisseo in maiali! In aiuto di Odisseo, arrivò Ermes, il messaggero degli dèi. Egli diede al nostro eroe un'erba magica in grado di proteggerlo dall'incantesimo della maga. Quando Circe capì che la sua magia era inutile contro Odisseo, iniziò a parlare con lui e se ne innamorò. Ma Odisseo desiderava tanto tornare a casa e, a quel punto, la maga trasformò i maiali in uomini e avvertì l'eroe dei pericoli che lo aspettavano sulla via del ritorno: le sirene.

Il canto delle sirene

Fortunatamente, la maga Circe aveva avvisato Odisseo di stare attento alle sirene. Ma chi erano le sirene? Non sappiamo molto del loro aspetto, ma molti esperti le descrivono così: creature straordinarie con il corpo di un uccellino e la testa di una ragazza. Un tempo si diceva che le sirene fossero persone normali, belle fanciulle con bellissime voci e amiche di Persefone, la figlia della dea Demetra, che fu rapita da Ade e portata agli Inferi. Quando Ade portò Persefone nel suo regno delle ombre, le sue amiche la cercarono ma non riuscendo a trovarla pregarono gli dèi di donare loro delle ali per poter cercare più velocemente. Gli dèi accolsero la richiesta, ma a modo loro. Invece delle sole ali, diedero alle fanciulle il corpo di uccello. Non cambiarono la testa perché agli dèi piaceva il canto delle sirene.

Una trappola pericolosa

Le sirene volavano sopra il mare e cantavano canzoni malinconiche ma allo stesso tempo meravigliose. Ma attenzione! Il loro canto era così affascinante che i marinai veniva incantati e dirigevano le navi verso rocce e scogliere rischiando così di farle affondare!

Tappi di cera per le orecchie

Odisseo escogitò un piano per proteggere se stesso e il suo equipaggio delle sirene. Chiese ai suoi compagni di mettersi dei tappi di cera nelle orecchie, in modo da non sentire il canto. Tuttavia, Odisseo era curioso di ascoltare con le proprie orecchie il canto delle sirene e ordinò ai suoi uomini di legarlo dicendogli di non liberarlo per nessun motivo. Quando la nave passò davanti agli scogli delle sirene, i marinai non si accorsero del loro canto. Odisseo, però, che sentiva tutte le voci, quasi impazzì e cercò disperatamente di rompere le corde che lo tenevano ben stretto e legato all'albero. Stava per liberarsi ma la sua nave superò l'isola delle sirene e il loro canto si fece sempre più debole e difficile da sentire.

Mito moderno: Oggi, usiamo la parola "sirena" per riferirci al suono d'allarme delle ambulanze o delle macchine della polizia. La parola "sirena" è quindi usata per segnalare un pericolo e deriva proprio da quelle donne-uccello che resero la vita di Odisseo molto difficile con il loro canto.

Il ritorno a Itaca

Poseidone, il dio del mare, era ancora arrabbiato e non voleva che Odisseo si avvicinasse a casa. Scatenò, così, una tempesta per distruggere la nave del nostro eroe. E così fu, la nave di Odisseo affondò, ma egli riuscì a sopravvivere e si ritrovò su una spiaggia. All'inizio, non si rese conto di dove fosse, ma poi scoprì che era la sua patria, la sua amata isola: Itaca!

L'incontro con Telemaco

Odisseo era esausto e, a causa del viaggio durato ben per 20 anni, il suo aspetto era cambiato. Nessuno lo riconobbe, solo il suo fedelissimo cane capì che il suo padrone era tornato e corse verso di lui felice e scodinzolante. A quel punto, anche Telemaco, ormai diventato un giovanotto, capì che quell'uomo era suo padre! Era felicissimo del ritorno di Odisseo e aveva un sacco di storie da raccontargli.

Infatti, il palazzo di Odisseo era pieno di uomini venuti da tutta la Grecia per chiedere la mano di Penelope, la moglie di Odisseo, e ottenere, così, il trono di Itaca. Essi erano convinti della morte di Odisseo ed erano convinti che una donna non potesse governare...ma non andò affatto così. Inoltre, erano insistenti e infastidivano Penelope tutti i giorni. Questo fece arrabbiare molto Odisseo, che insieme a Telemaco, escogitò un piano per mandare via quegli uomini. Così, Telemaco tornò al palazzo da solo per raccontare tutto alla madre.

La grande sfida con l'arco

Il mattino seguente, Penelope si presentò ai suoi pretendenti con l'arco di Odisseo. Disse che avrebbe sposato chiunque fosse riuscito a tirare la corda dell'arco, guadagnando così il trono di Itaca. Tutti provarono, ma nessuno riuscì a farlo.

Ma all'improvviso, arrivò un vecchietto vestito con abiti malandati e semplici. Entrò nel palazzo e chiese di provare. Tutti gli uomini risero di lui perché non pensavano che avrebbe avuto la forza necessaria per compiere l'impresa. Ma indovinate un po'? Il vecchietto tirò la corda dell'arco senza problemi stupendo tutti i presenti! Il vecchietto era Odisseo e, con il suo arco, mandò via tutti gli uomini che diedero fastidio a Penelope per tutti quegli anni. E così, Odisseo, Penelope e Telemaco erano di nuovo insieme e si abbracciarono felici e contenti!

4.10 La mano d'oro del Re Mida

Di solito, pensiamo che i re siano felici perché possiedono ricchezze e tesori. Ma c'era un re che non era contento nonostante la sua ricchezza. Si chiamava Re Mida e pur indossando una corona, non era molto intelligente. Un giorno, Re Mida ebbe l'occasione di aiutare Dioniso. Quest'ultimo non riusciva più a trovare il satiro Sileno, egli si era perso dopo una delle famosissime feste organizzate dal dio. Dopo svariate ricerche, Re Mida riuscì a trovare il satiro e a riportarlo a casa. Dioniso era così felice e promise a Re Mida di esaudire un suo desiderio. Re Mida desiderava qualcosa di veramente straordinario: voleva che tutto ciò che toccasse, si trasformasse in oro!

Ma non si può mangiare l'oro!

Dioniso esaudì il desiderio di Re Mida che da quel momento, tutto quello toccava si trasformava in oro! All'inizio, il re era entusiasta e saltava di gioia: trasformava in oro tutto ciò che vedeva: tutto il suo palazzo ormai brillava e luccicava come una montagna d'oro! Ma quando si fermò perché era stanco e affamato, si rese conto di un enorme problema. Quando provò a prendere un pezzo di pane o un frutto, anche questi si trasformarono in oro! Anche il succo o il vino che voleva bere diventarono oro! Mida non poteva né mangiare né bere perché tutto si trasformava in oro!

Re Mida capì di aver commesso un errore e chiese aiuto a Dioniso. Il dio gli disse di lavarsi nel fiume Pattolo per liberarsi del potere magico. Mida fece esattamente quello che gli era stato detto e il potere magico sparì. Da allora, si pensa che nel fiume Pattolo sia possibile trovare l'oro!

Mida trasforma un altro uomo in oro con il suo tocco

4.11
Dedalo e Icaro

Una volta, tanto tempo fa, c'era un uomo intelligentissimo e abilissimo di nome Dedalo. Era un grandissimo inventore e costruttore. Lavorava alla corte di re Minosse nella bellissima isola di Creta. Il suo più grande capovoloro fu il maestoso labirinto della città di Cnosso.

Ma il labirinto nascondeva il segreto più terribile della famiglia reale: era la prigione del Minotauro, un mostro leggendario con il corpo di un uomo ma con la testa di un toro! Re Minosse voleva nascondere questa mostruosità ai suoi sudditi e ordinò a Dedalo e Icaro, che conoscevano la via d'uscita, di vivere all'interno del labirinto per controllare il Minotauro.

Un piano di fuga geniale

Re Minosse ordinò ingiustamente a Dedalo e Icaro di non uscirne mai dal labirinto. I mesi e gli anni passarono e i due si annoiavano a morte ma non potevano uscire perché Minosse aveva piazzato delle guardie davanti al labirinto! Ma un giorno, Dedalo ebbe un'idea geniale! Aveva tanto materiale e costruì per sé e per il figlio un paio di ali fatte di piume e cera, con le quali avrebbero potuto volare via poiché il labirinto aveva pareti molto alte ma non un tetto.

Prima di spiccare il volo, Dedalo avvertì Icaro: "Non volare troppo in alto, perché altrimenti il sole scioglierà la cera delle ali e ti precipitare!" Icaro promise di seguire le raccomandazioni del padre e…

Un volo emozionante

...e via! Dedalo e Icaro presero il volo. Destinazione: fuori dal labirinto. Le guardie provarono a fermarli scagliando contro di loro delle lance, ma padre e figlio erano già troppo alti nel cielo. Icaro era così felice della sua libertà che non riusciva a smettere di sorridere, dimenticò le parole del padre e volò sempre più in alto. Era bello volare vicino al sole, ma accadde ciò che Dedalo temeva: il calore sciolse la cera delle ali e Icaro precipitò in mare. Dedalo non poté fare nulla per aiutare il figlio e sconvolto recuperò il corpo seppellendolo su un'isola vicina, che da allora si chiama Icaria in onore di Icaro.

Dedalo e Icaro tra le nuvole

4.12 Teseo e il Minotauro

C'era una volta un ragazzo di nome Teseo che viveva in una città greca chiamata Atene. Era molto coraggioso e si diceva che suo padre fosse Poseidone, il dio del mare. Da giovane, Teseo si mostrò abile con la spada e salvò moltissime persone da temibili pericoli.

Teseo e il gigante Procuste

Un giorno, mentre Teseo era in viaggio, incontrò tra Atene e Corinto un gigante chiamato Procuste. Egli catturava i viaggiatori e li legava al suo letto enorme per poi divertirsi a tirare e allungare le gambe e le braccia dei suoi prigionieri. Ma Teseo era sempre in guardia durante i suoi viaggi e quando Procuste cercò di catturarlo, Teseo lo sconfisse usando il martello del gigante!

Teseo e il labirinto di Minosse

Ma la vera grande avventura di Teseo avvenne all'interno Labirinto di Cnosso. Ricordate? Il labirinto costruito da Dedalo su ordine di re Minosse. Bene, dentro quel labirinto c'era un mostro spaventoso chiamato Minotauro: aveva il corpo di un uomo e la testa di un toro!

Il Minotauro chiedeva sempre sacrifici e voleva mangiaregli esseri umani, quindi re Minosse mandava sette ragazzi e sette ragazze dentro al labirinto per accontentare il mostro. Tuttavia, re Minosse non voleva sempre donare i propri sudditi al Minotauro e così chiese aiuto ai regnanti vicini. Gli altri erano impauriti dal Minotauro e quindi decisero di inviare alcuni prigionieri. Tra i giovani che furono portati era presente anche Teseo. Quando Arianna. figlia del re Minosse e principessa di Creta, vide Teseo, se ne innamorò immediatamente e, naturalmente, non voleva che fosse gettato nel labirinto del Minotauro e escogitò un piano per aiutare l'eroe.

Il Filo di Arianna

Arianna diede a Teseo un grosso gomitolo di lana con il quale avrebbe potuto trovare la via d'uscita dal labirinto. Teseo fu molto grato ad Arianna per questo preziosissimo dono.

Teseo entrò nel labirinto e, srotolando il filo, raggiunse il Minotauro. I due, trovandosi faccia a faccia, iniziarono a lottare. Teseo riuscì a compiere un'impresa straordinaria perché con la sola forza delle sue mani, sconfisse il Minotauro. E grazie al filo di lana, trovò la via d'uscita. Ma perché Teseo decise di lottare con il Minotauro? Egli era un eroe e non poteva sopportare il pensiero che a causa del mostro giovani ragazzi e ragazze continuassero a perdere la vita.

Il temibile Minotauro

Arianna fu felicissima di vedere Teseo sano e salvo! Decisero così di fuggire dall'isola. Salirono su una nave durante la notte in modo che il re Minosse non li scoprisse.

Il Laberinto del Minotauro

4.13 Perseo e Medusa

Un altro eroe greco molto famoso è Perseo. Si diceva che suo padre fosse Zeus e questo rendeva il giovane un essere davvero speciale e coraggioso.

La sua più grande avventura fu la lotta contro Medusa, una creatura spaventosa con ali d'oro, mani di ferro e al posto dei capelli aveva un mucchio di serpenti velenosi! Ma aspettate, c'è di più! Il suo potere era terrificante, se qualcuno guardava Medusa negli occhi, si trasformava in una statua di pietra!

L'aiuto degli dèi

Perseo sapeva che Medusa era molto pericolosa e forse non sarebbe riuscito ad affrontarla da solo, ma

Perseo in lotta con Medusa

indovinate un po'? Gli dèi decisero di aiutarlo! Atena, Ermes e, persino, Ade, non provavano simpatia nei confronti di Medusa.

Atena donò a Perseo uno scudo brillante come uno specchio in modo da poter vedere e tenere sotto controllo Medusa senza guardarla direttamente negli occhi. Ermes gli prestò una spada magica a forma di una mezzaluna e i suoi calzari alati in modo da muoversi più velocemente. Ade gli diede un elmo speciale che poteva renderlo invisibile. Ora, Perseo era pronto per la sua avventura!

La battaglia contro Medusa

Medusa viveva isolata in un terra al di là del mare, ma grazie ai calzari alati di Ermes, Perseo arrivò a destinazione velocemente. Indossando l'elmo invisibile di Ade, si intrufolò nella grotta doveva viveva la strega. Medusa, però, sentì dei passi e iniziò a guardarsi attorno molto attentamente.

Perseo teneva lo scudo davanti a sé e teneva sotto controllo i movimenti di Medusa attraverso l'immagine riflessa. In questo modo, lo sguardo di Medusa non poteva trasformare Perseo in pietra! Avvicinandosi velocemente e usando la spada di Ermes, il nostro eroe riuscì a tagliare la testa di Medusa. I serpenti caddero a terra e sibilavano furiosamente, Perseo raccolse la testa e la mise in un sacco.

Perseo aveva guadagnato un'arma davvero potente. In caso di bisogno durante una battaglia, poteva semplicemente mostrare la testa di Medusa e trasformare i nemici in statue di pietra!

4.14 Europa e il Toro

Nell'antica Grecia, esistevano molte principesse. Una di queste era famosa per la sua bellezza: Europa, figlia di Agenore, re di Tiro. Zeus la vide e se ne innamorò.

Europa conosciuta in tutta la Grecia e molti principi erano intenzionati a sposarla, ma lei non era interessata. Zeus voleva davvero incontrare Europa, ma non poteva semplicemente presentarsi davanti a lei, altrimenti sua moglie Era l'avrebbe scoperto!

Allora, Zeus ebbe un'idea. Si trasformò in un toro bellissimo dal manto bianco come la neve e dalle corna che brillavano come diamanti. Poi, andò a pascolare vicino al palazzo della principessa. Quando Europa vide il toro, ne rimase affascinata. L'animale era così elegante e gentile, si lasciò adornare con corone di fiori e offrì alla principessa di salire sulla sua schiena. Europa pensò che sarebbe stato divertente e salì.

Europa e il toro bianco

Ecco l'occasione che Zeus aspettava. Ancora nelle sembianze di un toro, iniziò a correre velocemente! Inizialmente, Europa era divertita, rideva e gridava di gioia ma poi si accorse che il toro stava correndo verso il mare e non sembrava rallentare. Europa si spaventò e cercò di farlo fermare, ma il toro saltò nell'acqua e iniziò a nuotare.

Il toro nuotò sempre più lontano fino a quando Europa non riuscì più vedere la sua casa. Aveva ancora con sé un cestino di fiori che le ricordava la sua terra e suo padre.

Una volta giunti all'isola di Creta, Zeus si trasformò di nuovo nella sua vera forma e disse a Europa chi era veramente. Europa piangeva, voleva tornare a casa e chiese al dio di riportarla a casa ma Zeus rifiutò.

Passò un po' di tempo, Europa ebbe un figlio con Zeus, ma quest'ultimo iniziò ad annoiarsi e decise di tornare sull'Olimpo, lasciando, così, la principessa da sola sull'isola. Il figlio divenne poi il famoso re Minosse, era un figlio molto premuroso e fece costruire un bellissimo palazzo in onore di sua madre.

Nel frattempo, il papà di Europa, re Agenore, ordinò ai suoi figli di andare alla ricerca di Europa e sarebbero potuti tornare a casa solo dopo averla trovata. Purtroppo, non riuscirono a trovarla e non potendo tornare a casa, re Agenore rimase solo nel suo palazzo.

4.15 Orfeo ed Euridice

Orfeo era un poeta e musicista molto conosciuto. Sapeva suonare la lira così bene che gli animali più feroci si fermavano ad ascoltarlo e tutti i litigi fra gli esseri umani smettevano in un baleno. A causa delle sue straordinarie abilità musicali, si diceva che suo padre fosse Apollo.

Un giorno, Orfeo incontrò una ninfa bellissima di nome Euridice e se ne innamorò subito. Anche Euridice amava Orfeo e decisero, così, di sposarsi. Purtroppo, durante il loro matrimonio, qualcosa di triste accadde: Euridice fu morsa da un serpente e morì. Per questo motivo, scese nel regno degli Inferi.

Orfeo nel regno degli Inferi

Orfeo non si dava pace per la perdita dell'amata e decise di fare qualcosa di molto coraggioso. Scese negli Inferi e quando arrivò, iniziò a suonare la sua lira. La sua musica era così melodiosa e incantevole che anche gli spiriti si fermarono ad ascoltarlo. Anche Ade fu molto colpito dalla musica di Orfeo e fece qualcosa senza precedenti: liberò Euridice, restituendo così un'anima morta al regno dei viventi. Ma c'era una condizione ben precisa!

Uscendo dagli Inferi, Orfeo doveva camminare davanti a Euridice e non poteva voltarsi finché entrambi non fossero usciti dagli Inferi. Orfeo era felicissimo e iniziò a camminare. Purtroppo, dopo un po', iniziò a preoccuparsi e commise il più grande errore della sua vita. Aveva paura che Euridice non fosse dietro di lui e, quindi, si voltò prima di essere fuori dagli Inferi. Nel momento in cui voltò. Euridice sparì e tornò nel regno di Ade.

Uscendo dagli Inferi, Orfeo doveva camminare davanti a Euridice e non poteva voltarsi finché entrambi non fossero usciti dagli Inferi. Orfeo era felicissimo e iniziò a camminare. Purtroppo, dopo un po', iniziò a preoccuparsi e commise il più grande errore della sua vita. Aveva paura che Euridice non fosse dietro di lui e, quindi, si voltò prima di essere fuori dagli Inferi. Nel momento in cui voltò. Euridice sparì e tornò nel regno di Ade.

Orfeo ed Euridice che emergono dagli inferi

5. La Grecia era in anticipo sui tempi

L'antica Grecia era un luogo straordinario. Filosofi, scienziati, inventori, artisti, architetti, ecc., hanno, ancora oggi, un'enorme importanza.

I filosofi greci

5.1 I filosofi dell'antica Grecia

Senza gli antichi greci, la filosofia non sarebbe mai esistita. La filosofia vuol dire cercare di capire cose importanti, come ad esempio, il perché siamo qui e come funziona il mondo. Uno dei primi uomini che decise di chiamarsi filosofo fu Pitagora.

Ecco alcuni dei filosofi più famosi.

Aristotele: un genio davvero speciale

Aristotele aveva molti interessi e fu uno dei più grandi filosofi della storia. Osservava le stelle e fu il primo a pensare che la Terra fosse una sfera. Fece anche numerose scoperte sul mondo animale e vegetale insegnandoci molto sulla natura.

Platone: il dialogo dei suoi racconti

Platone scriveva dei racconti sotto forma di dialoghi tra studiosi, scienziati, filosofi, ecc. In questi racconti, tutti i personaggi si scambiavano idee e discutevano su come trovare le soluzioni migliori ai problemi del mondo. Nelle sue storie, includeva anche elementi mitici e magici, come ad esempio, nel mito di Atlantide, continente, che secondo il filosofo, scomparve sott'acqua. Platone utilizzò il regno di Atlantide come esempio negativo e lo paragonò ad Atene di cui elogiò le conquiste e la gloria.

Pitagora: tutto è un numero

Pitagora nacque nel 580 a.C. sull'isola di Samo ed era convinto che il mondo fosse pieno di numeri. Studiò in Egitto e in Babilonia e successivamente aprì la sua scuola in Grecia: la scuola pitagorica. Molte delle idee a lui attribuite provenivano in realtà dai suoi studenti. Infatti, Pitagora amava spacciare per proprie le teorie e le scoperte dei suoi allievi per ottenere maggiore attenzione e successo. Forse avrete sentito parlare del famoso Teorema di Pitagora durante le lezioni di geometria. E indovinate un po'? Sembra che non sia stato lui a inventarlo, ma uno dei suoi studenti!

Socrate: colui che sapeva di non sapere

Socrate era un filosofo molto saggio ma purtroppo, non abbiamo i suoi libri scritti. Egli era uno scultore che amava riflettere e discutere sulla vita ed è considerato il padre di molte scuole filosofiche. La cosa divertente di lui è che diceva spesso: "So di non sapere." Questo significa che era un uomo umile e sapeva che c'era sempre qualcosa di nuovo da imparare. Ma, ahimè, non tutti erano contenti delle sue domande e delle sue riflessioni. Per questo motivo, fu condannato a morte.

5.2 Altre importanti scoperte scientifiche

Gran parte di ciò che dovete imparare a scuola è dovuto all'enorme contributo e scoperte degli antichi greci! Ma questo non è un motivo per essere arrabbiati con loro. In realtà, ci hanno fatto un grande favore!

Archimede e la meccanica

Archimede è considerato il più importante matematico, fisico e meccanico del mondo antico. Era famoso grazie alle sue invenzioni, tra cui il planetario, un ascensore ad acqua chiamato vite di Archimede e anche delle macchine da guerra! Per circa due anni, le sue macchine da guerra aiutarono la sua città, Siracusa, a respingere gli attacchi dei Romani. Purtroppo, le forze romane erano potentissime, la città cadde e Archimede venne catturato. Un giorno, un soldato romano lo disturbò mentre era concentratissimo su un problema matematico. Archimede non amava essere disturbato e disse al soldato: "Non rovinare i miei cerchi!" Il soldato si arrabbiò tanto che uccise Archimede. Che fine triste per un grandissimo genio! Per fortuna, le sue idee e teorie sono usate ancora oggi.

Senofane e i suoi dubbi sugli dèi

I filosofi greci amavano riflettere sulla natura, sull'origine della vita e sul funzionamento del mondo. Grazie alle loro osservazioni del cielo, inventarono l'astronomia. Ma c'era anche spazio per le leggi e la politica. Ma a volte questo metteva i nostri pensatori nei guai, soprattutto con chi credeva ancora negli dèi.

Uno di questi fu Senofane, poeta e filosofo che viveva in una città chiamata Elea nel VI secolo a.C. Elea era una città molto importante e molte scuole filosofiche si trovavano lì. Senofane notò che le storie che raccontano le vita degli dèi, essi si comportano come gli esseri umani: litigavano, imbrogliavano e combattevano. Senofane pensava che queste storie non avessero senso e credeva che ci fosse un solo dio totalmente diverso dagli esseri umani.

Erodoto e la nascita delle storiografia

Oggi abbiamo libri di storia e possiamo cercare un sacco di cose su internet. Ma non è sempre stato così. Per tanto tempo, la persone non erano interessate alla storia e nessuno scriveva di quello che accadeva realmente sui campi di battaglia, ecc. Inoltre, le storie si mescolavano con la fantasia, quindi non si sapeva mai in fondo che cosa fosse vero o inventato.

Ma ad un certo punto, Erodoto, un sapiente viaggiatore, iniziò a scrivere e a documentare la realtà dei fatti e non accettava né i miti né le leggende come fonti di cui potersi fidare. Nel V secolo a.C., scrisse un libro importantissimo di nove volume in cui spiegò la storia del mondo come la conosceva lui. Grazie ai nove volumi, Erodoto cambiò il modo in cui le persone pensano alla storia. I suoi testi erano scritti con uno stile vivace in modo da non annoiare mai il lettore, un po' come gli spettacoli a teatro o in televisione. Cicerone, un importantissimo politico romano, definì Erodoto come "il padre della storiografia."

Ippocrate e l'inizio della medicina moderna

Anche gli antichi greci potevano ammalarsi, ma pensavano che fosse una punizione mandata dagli dèi. Per questo motivo, pensavano che il miglior metodo per guarire fosse la preghiera. Inizialmente, Apollo era il dio della guarigione, fu poi sostituito da Asclepio. Vennero costruiti molti templi dedicati a questo dio e quando ci si ammalava, non si andava dal medico, bensì al santuario di Asclepio. Non tutti i greci la pensavano così, come ad esempio, Ippocrate.

Vissuto tra il 460 e il 377 a.C., Ippocrate osservò attentamente il corpo umano e scrisse tutto ciò che scoprì: produsse ben cinquantatré libri di medicina conosciuto come *Corpus Hippocraticum*. Capì che per curare le malattie era necessario conoscere il funzionamento del corpo e che pregare non era assolutamente sufficiente.

Mito moderno: i libri di Socrate sono ormai vecchi, ma ciò che i medici ancora oggi seguono la sua etica. Essi devono fare rispettare il "Giuramento di Ippocrate", ovvero, un giuramento, una promessa solenne in cui promettono di fare di tutto per aiutare le persone a stare bene.

5.3 I Giochi Olimpici

I Giochi Olimpici sono uno degli eventi sportivi più importanti al mondo. I Giochi Olimpici risalgono all'epoca degli antichi greci e ancora oggi si celebrano ogni quattro anni. All'epoca si facevano in onore di Zeus ma dopo la conquista romana, si fermarono per tantissimi secoli.

Essi vennero riproposti nel 1896 dal francese Pierre de Coubertin. Tutti furono entusiasti della sua proposta e da allora, i Giochi Olimpici ricominciarono. Esistono anche i Giochi Olimpici Invernali, che però non esistevano nell'antica Grecia. Infatti, gli antichi greci non sapevano nulla di sci e slittini.

La fiaccola olimpica

5.4 La democrazia

La parola democrazia deriva dalla lingua greca: gli antichi greci sono stati i primi a dare al popolo, "*démos*", una parte decisionale all'interno del governo, "*kratía*". Quindi, il significato è "il potere del popolo". Si trattò di una vera e propria rivoluzione, un cambiamento enorme in un'epoca in cui i governanti e i re decidevano tutto senza chiedere l'opinione di nessuno. In particolare, sono due politici ad aver costruito le basi della democrazia: Solone e Pericle.

Pericle era orgoglioso della nascita della democrazia e durante un discorso disse che grazie ad essa la società e il popolo vivevano meglio e in armonia. Tuttavia, alcuni nobili non erano per niente contenti perché non volevano condividere il loro potere e, quindi, c'erano spesso discussioni tra i nobili e il resto del popolo.

Mito moderno: Un tempo, Atene era governata da Dracone e le sue punizioni erano severissime. Grazie alle idee di Solone, Dracone perse tutto il suo potere. Ancora oggi, quando qualcuno viene punito in modo troppo severo, si dice che ha avuto una "punizione draconiana".

5.5
Arte e architettura

L'antica Grecia era come una fabbrica di tesori, ha prodotto numerose e impressionanti opere d'arte che possiamo ammirare nei musei di tutto il mondo. Anche gli artisti e gli architetti di oggi si ispirano ai modelli greci.

I tre architettonici greci

Gli antichi greci erano abili costruttori e possiamo ammirare molti dei loro magnifici edifici. All'epoca, esistevano tre importanti stili architettonici: dorico, ionico e corinzio. Questi nomi sembrano un po' strani, vero? Ma in realtà si riferiscono a come decoravano le colonne. Quelle doriche erano semplici e robuste e senza particolari decori, le ioniche avevano spirali e riccioli, e le corinzie erano decorate da foglie scolpite nella pietra.

I greci erano abilissimi a lavorare la ceramica.

La ceramica era molto importante nell'antica Grecia e nella città di Atena esisteva un intero quartiere di nome Ceramicus in cui vivevano i vasai. Immaginate un posto pieno di vasai che modellano bellissimi vasi di ceramica! I vasi greci erano pregiati e molto apprezzati anche al di fuori della Grecia. Nei loro scavi, gli archeologi hanno trovato moltissimi vasi e hanno notato i cambiamenti negli stili pittorici dell'antica Grecia. Inizialmente, le figure nere erano dipinte su uno sfondo rosso, poi, verso il 530 a.C., la tendenza è cambiata e si dipingevano figure rosse su uno sfondo nero. E indovinate un po'? I vasai usano ancora oggi le stesse tecniche per dipingere vasi!

Le statue non erano bianche

Quando pensiamo alle statue greche, immaginiamo spesso statue bianche. Ma attenzione! Gli antichi greci amavano i colori! Dipingevano le loro statue e anche le pareti dei templi con colori vivaci. Tuttavia, con il passare del tempo, i colori delle statue e dei muri si sono sbiaditi e la vernice si è staccata lasciando solo la base bianca. Ecco perché oggi potremmo pensare che fossero solo bianche, ma in realtà erano come colorate!

L'arte greca

5.6 La guerra

Nell'antica Grecia, abbiamo visto nascere poeti, filosofi, matematici, astronomi, ecc. Ma sapete cosa? Erano anche abilissimi nella preparazione di guerre e battaglie. La guerra aveva un ruolo importante nella politica e società greca antica. Si combatteva di frequente e i periodi di pace erano molto brevi. Infatti, per gli antichi greci la guerra non era un problema e i bambini venivano addestrati ad essa fin da piccoli. I soldati marciavano in battaglia con il grido di guerra alala, eleleu, che può essere tradotto come "evviva, evviva!" A noi, che giustamente consideriamo la guerra come qualcosa di terribile, questo sembra molto strano, ma gli antichi greci la pensavano diversamente.

La guerra e gli dèi

Gli antichi greci pensavano che vincere o perdere una guerra dipendesse dagli dèi. Se perdevano, si disperavano perché ciò significava che gli dèi li avessero abbandonati. Inoltre, i vincitori, non mostravano alcuna pietà nei confronti degli sconfitti; se l'avessero fatto, avrebbero sicuramente mandato su tutte le furie gli dèi. Non c'era differenza fra soldati e persone civili, un nemico era un nemico e se sconfitto, era permesso fare tutto ciò che si voleva contro di lui senza mostrare pietà, in accordo, quindi, con il volere degli dèi.

6. Fatti straordinari sulla Grecia di oggi

Forse pensi che dopo tutte quelle storie incredibili sull'antica Grecia, la Grecia di oggi sia un po' noiosa? Non è per niente così. Anche la Grecia di oggi ha tanto da raccontare.

Il Monte Athos: il monte in cui vivono solo uomini

Il Monte Athos è un posto molto particolare: sai che le donne non possono entrarci? Ma non finisce qui, nemmeno gli animali di sesso femminile possono entrarci, tranne i gatti, gli insetti insetti e gli uccelli. Questa montagna appartiene al Patriarcato

Atene oggi

ecumenico di Costantinopoli, autorità della Chiesa ortodossa, è una repubblica monastica che fa parte dello stato greco pur godendo di leggi speciali.

Blu: il colore per tenere lontani i fantasmi

In Grecia, troverai molti edifici dipinti di blu. A quanto pare, i fantasmi hanno paura di questo colore e in un paese in cui si narrano tante storie sul dio dei morti, Ade, i greci moderni pensano che sia una buona idea proteggersi con il colore blu!

Un inno nazionale lunghissimo

Avete mai guardato una partita di calcio in televisione? Bene, allora saprete che prima del calcio di inizio, le squadre nazionali cantono l'inno. L'inno nazionale della Grecia ha una particolarità: è lunghissimo! Si chiama Imnos eis tin Eleftherían che significa "Inno alla Libertà" e ha centocinquantotto strofe! Ma non preoccuparti, non lo cantano mai tutto, sarebbe un'attesa davvero troppo lunga.

Si festeggia l'onomastico ma non il compleanno

A tutti piace festeggiare il compleanno con torte e regali, vero? Ma in Grecia, invece del compleanno, festeggiano l'onomastico. L'onomastico è il giorno in cui si celebra un santo che ha lo stesso nome di una persona. Quindi, se il tuo nome è lo stesso di un santo o di una santa, in Grecia avresti una festa in quel preciso giorno!

7. Piccolo Dizionario

Avete letto numerose storie emozionanti e davvero straordinarie. Avete anche imparato molte parole difficili e per farvele ricordare meglio, ecco un piccolo dizionario fatto apposta per voi!

Agorà
L'agorà era il cuore delle antiche città greche. Era una grande piazza dove c'era il mercato e il popolo si incontrava per parlare di questioni importanti per la città.

Acropoli
L'acropoli era il centro speciale di Atene, la città più famosa e importante dell'antica Grecia. Lì c'era un bellissimo tempio chiamato Partenone, costruito in onore della dea Atena, la dea protettrice della città.

Amazzoni
Le Amazzoni erano donne guerriere. Non erano affatto amichevoli con gli uomini e vivevano tutte insieme. Alcune di loro combatterono contro eroi famosi, come ad esempio, Achille, Eracle e Teseo.

Anfora
Immaginate un grosso vaso di argilla con due manici ai lati, ecco che cos'è un'anfora! Era usata per conservare vino o olio d'oliva e poteva essere chiusa da un coperchio.

Chitone
Il chitone era un capo d'abbigliamento indossato sia dagli uomini che dalle donne. Era una tunica di stoffa leggera piuttosto larga.

Coro
Nel teatro greco, il coro era un gruppo di persone che non cantava canzoni, ma aiutava a spiegare le azioni della rappresentazione. Con il tempo, però, il coro perse importanza.

Giganti
I Giganti erano creature super enormi e potenti, figli di Gea, la Madre Terra. Avevano gambe simili a serpenti, lunghi capelli e barbe folte. Combatterono contro gli dèi per ottenere il comando dell'Olimpo ma dopo dieci anni di lotte, persero la guerra.

Ellenismo
L'ellenismo è un periodo di tempo storico che va dal III al I secolo a.C.

Esiodo
Esiodo era un poeta greco. Grazie al poema "Le opere e i giorni", ci ha raccontato molti fatti interessanti sulla vita delle persone nell'antica Grecia. La sua seconda grande opera è la "Teogonia" in cui racconta l'origine del mondo e la nascita degli dèi.

Esperidi
Le Esperidi erano ninfe e figlie di Atlante, e secondo alcuni racconti, di Nyx, la dea della notte. Con l'aiuto del drago Ladone, proteggevano e custodivano l'albero dalle mele d'oro nel giardino di Era.

Omero
Omero era il poeta più famoso del mondo antico. Scrisse l'Iliade e l'Odissea, che raccontano le avventure epiche di guerrieri e di eroi. Tuttavia, non sappiamo quasi niente di lui e alcuni storici pensano che forse non sia mai esistito.

Opliti
Gli opliti erano soldati greci che combattevano con scudi e lance. La parola greca hoplon (scudo) ha dato il nome a questi soldati.

Ilio
Ilio è un altro nome della città di Troia. Da questo nome, deriva il nome Iliade, una delle opere scritte da Omero.

Isso
Nel 333 a.C., ci fu un'importantissima battaglia nella città di Isso. Il condottiero Alessandro Magno sconfisse il glorioso esercito persiano di Dario III.

Centauri
I centauri erano creature metà uomini e metà cavalli. La maggior parte di loro era un po' selvatica e poco gentile, ma altri, come ad esempio Chirone, erano molto amichevoli con gli esseri umani.

Cerbero
Cerbero era il cane a tre teste che custodiva la porta degli Inferi. A volte, nelle storie, viene descritto con cinquanta o cento! La sua saliva aveva un potere: quando questa toccava terra, faceva crescere una pianta velenosa. Puoi trovare il suo nome scritto anche come Cerberus o Kerberos.

Ciclope
I ciclopi erano giganti con un solo occhio in mezzo alla fronte e abilissimi artigiani. Il loro aspetto era spaventoso e si racconta che mangiassero gli esseri umani!

Maratona
Dopo un'importante vittoria dei Greci contro i Persiani nella piana di Maratona, si narra che un soldato abbia portato la buona notizia ad Atene correndo a più non posso. Percorse l'intera distanza in armatura senza mai fermarsi e quando arrivò a destinazione cadde a terra esausto. Per ricordare l'impresa del soldato, venne inventata una gara di corsa conosciuta con il nome "maratona." Ai tempi dell'antica Grecia, il vincitore della maratona non riceveva una medaglia d'oro, ma un'anfora piena di olio d'oliva.

Mito
Il mito è una storia fantastica che si tramandava oralmente o in forma scritta. Queste storie avevano spesso a che fare con gli dèi o con degli eroi straordinari, e aiutavano a spiegare fatti e fenomeni che il popolo non capiva.

Ninfe
Le ninfe erano divinità della natura e figlie di Zeus. Rappresentavano la bellezza degli alberi, delle sorgenti, del mare, dei prati e delle montagne.

Filosofo
Un filosofo è una persona che ama pensare e porsi domande sul mondo. Cerca di capire come funzionano e succedono certi fenomeni.

Polis
Nell'antica Grecia, esistevano numerose città-stato chiamate anche polis. La parola "politica" deriva proprio dalla *polis* greca!

Satiro
Un satiro è un personaggio mitologico che vive nei boschi o nelle foreste. Aveva la parte superiore del corpo simile a quella degli uomini, ma avevano anche le gambe e le corna di una capra! Facevano parte del gruppo del dio dei pastori Pan. Bisognava stare attenti con i satiri perché a volte potevano fare brutti scherzi!

Teatro
I teatri erano costruiti sul fianco di una collina, così tutti potevano vedere ciò che succedeva sul palco. Le recite e le rappresentazioni si tenevano tre volte all'anno durante delle festività particolari. Inoltre, erano anche occasione per gli attori di competere tra di loro e alla fine, una giuria sceglieva il migliore!

Titani
I Titani erano gli dèi più antichi dai poteri incredibili. Tuttavia, Zeus e gli altri dèi dell'Olimpo sconfissero i Titani durante una lunghissima battaglia.

Trireme
La trireme era la nave da guerra degli antichi greci! Centosettanta marinai remavano per farla navigare molto velocemente nelle acque del mare.

8. Questionario

1. Che cosa facevano gli antichi greci che noi troviamo fantastico ancora oggi?

_____

_____

Risposta: Pagina 6 - L'antica Grecia

2. Che cosa facevano gli antichi greci per divertirsi nel tempo libero e come erano i loro spettacoli teatrali?

_____

_____

Risposta: Pagina 24 - Come si divertivano gli antichi greci

3. Che cos'è una "polis" e come si è sviluppata la democrazia nell'antica Grecia?

Risposta: Pagina 29 - Le città-stato, erano il cuore dell'antica Grecia

4. Chi era il capo degli dei greci e perché era così potente?

Risposta: Pagina 38 - Zeus

5. Dove vivevano le dodici divinità più importanti degli antichi greci?

Risposta: Pagina 37 - I dodici dei dell'Olimpo

6. Che cosa insegnò Estia al popolo?

Risposta: Pagina 42 - Estia

7. Perché Zeus ed Era gettarono Efesto dal Monte Olimpo e come fece a diventare un abile artigiano?

_____

_____

Risposta: Pagina 49 - Efesto

8. Quale creatura custodiva la porta del Mondo di Sotto e cosa aveva di così straordinario?

_____

_____

Risposta: Pagina 52 - Ade

9. Che cos'è un "cavallo di Troia" e come ha contribuito alla distruzione di Troia?

_____

_____

Risposta: Pagina 102 - Il cavallo di Troia e l'ultima profezia di Cassandra

10. Perché si dice che l'oro si trovi nel fiume Pactolo?

_____

_____

Risposta: Pagina 109 - La mano d'oro del Re Mida

11. Come pensavano Dedalo e suo figlio Icaro di fuggire dal labirinto?

_____

_____

Risposta: Pagina 111 - Dedalo e Icaro

12. Che cosa significa la parola "democrazia"?

_____

_____

Risposta: Pagina 129 – La democrazia

9. Conclusioni

Ed eccoci arrivati alla fine! Abbiamo imparato un sacco di cose! Ma, indovinate un po'? C'è ancora tantissimo da scoprire! L'antica Grecia è come un baule pieno di storie avvincenti e avventure mozzafiato, quindi se volete saperne di più, tenete gli occhiali della curiosità ben puliti. Potete trovare molto di più su questo periodo affascinante! Infatti, ci sono film, programmi televisivi e anche videogiochi.

Ma aspettate un attimo, i greci non erano l'unica civiltà dell'antichità: avete mai sentito parlare degli antichi egizi o dei romani? Bene, per molti aspetti, essi erano simili ai greci, ma per altri erano molto diversi. Ed è per questo motivo che è così divertente conoscere queste culture antiche. Diventerete come gli esploratori del passato e gli archeologi del presente, e tutte le cose utili che scoprirete, vi aiuteranno nella vostra vita. A presto!

Caro lettore,

Le è piaciuto questo libro? Accogliamo i suoi suggerimenti per migliorare, critiche e domande sul libro.

LL'opinione e la soddisfazione dei nostri lettori è molto importante per noi.

Non esiti a contattarci inviando un'e-mail a
info@bookshelter-books@gmail.com

Attendiamo con ansia di ricevere il suo messaggio.

Cordiali saluti

Book Shelter

Printed by Amazon Italia Logistica S.r.l.
Torrazza Piemonte (TO), Italy